Charles Malato

Révolution chrétienne et Révolution sociale

essai

ISBN : 978-1533466273

10 9 8 7 6 5 4 3 2 1

Charles Malato

Révolution chrétienne et Révolution sociale

essai

Table de Matières

PROLOGUE

Il y a quinze siècles, un monde se mourait.

Tout ce qui avait eu cours dans l'antiquité, subjugué les peuples et dominé les foules était usé, fini. État, religion, famille, liens sociaux s'en allaient en poussière.

Qu'allait-il advenir ? L'humanité était-elle condamnée à périr dans un cataclysme universel ?

L'humanité fit peau neuve, et la religion chrétienne, basée sur la foi, remplaça la société romaine basée sur la force ; elle a duré quinze siècles.

Aujourd'hui, pareille agonie se reproduit : le trône et l'autel appartiennent déjà au passé ; les rois ne sont plus que des fantômes vivants.

Les êtres bizarres, propres aux époques de décadence, grouillent autour de nous et trônent, en maîtres d'un jour, sur le fumier de notre siècle.

C'est bien la fin.

L'oligarchie bourgeoise, qui avait trouvé la table royale toute servie, a voulu s'y installer seule, laissant le peuple à la porte : résultat, elle meurt d'indigestion au bout de cent ans.

Entre les autocraties et les masses, il ne peut, désormais, y avoir place pour les féodalités ; le xixᵉ siècle n'aura été qu'une période de transition prodigieusement remplie.

« À quoi bon remonter si haut ? » penseront d'aucuns en lisant le titre de cet ouvrage. « Plus ça change, plus c'est la même chose ? » exclame M. Prudhomme, qui oublie, ou ne sait pas, que si c'était toujours la même chose, il n'aurait ni ses pantoufles, ni sa robe de chambre, ni son *Petit Journal* et, comme ses ancêtres préhistoriques, en serait à dévorer de la viande crue à l'entrée des cavernes.

Nous pensons que chercher ses modèles dans le passé ne doit pas être le but de l'humanité. « Tout progrès, a dit un penseur[1], suppose la négation du point de départ. » Aussi ne saurait-on trop combattre les révolutionnaires classiques, qui ne voient dans les grandes commotions sociales qu'un éternel plagiat. Trop superficiels pour innover, mesurant d'ailleurs les besoins de leur

Charles Malato

époque à ceux de leur ambition, ils nous ramèneraient volontiers aux vieux âges. Pour eux, la vie des peuples se concentre dans celles de trois ou quatre grandes individualités : Brutus, Étienne Marcel, Cromwell, Robespierre. Très heureusement, le peuple vit au jour le jour et ne se passionne ni pour les choses mortes ni pour les abstractions.

Mais s'ensuit-il que les coups d'œil rétrospectifs soient sans enseignements, qu'il n'y ait pas lieu d'analyser ce qui fut ? L'étude de l'histoire[2], à notre scientifique époque, ne constitue-t-elle pas une méthode propre à nous éviter bien des déboires et à guider nos pas incertains vers un avenir que nous entrevoyons vaguement ? Connaître n'implique pas imiter, et rien plus que les leçons du passé n'est à même de mettre en garde contre la race des pasticheurs, ceux qu'on a appelés si justement les républicains en *us*. Soumis, comme tout ce qui respire, à l'influence des milieux, et par suite, indéfiniment modifiable, l'homme n'est, cependant, pas si différent de lui-même depuis dix-neuf siècles, qu'on n'ait intérêt à le regarder s'agiter au temps des Césars.

L'histoire nous montre comment se dénatura une révolution à la fois religieuse, civile, économique, morale, familiale.

Elle nous montre les mouvements provoqués par d'énergiques individualités, se perdant, accaparés par des sectes rivales, semblables à un grand fleuve qui, divisé en une multitude de bras secondaires, ne tarde pas à se tarir.

Elle nous montre tous ces révolutionnaires de la veille, les mêmes à travers les siècles, tribuns, philosophes, évêques, représentants, se ralliant peu à peu au pouvoir qu'ils combattaient et, plus durement que les anciens maîtres, écrasant de leur autorité de fraîche date la plèbe insoumise.

On pourrait mettre des noms modernes sur ces antiques figures. César a légué son nom à cette kyrielle d'usurpateurs victorieux ; les avocats du Forum et ceux du Palais-Bourbon sont parents ; Titus, mettant Jérusalem à feu et à sang, renaît dans Thiers égorgeant Paris ; Verrès est l'ancêtre de Wilson.

L'analogie est parfaite entre notre société bourgeoise, croulant sous le poids de ses vices, sous les colères de la masse déshéritée, et le monde romain s'affaissant dans sa fange sous le choc des barbares. Même disproportion entre les omnipotents dominateurs et les infimes plébéiens, mêmes éléments de dissolution au dedans, de guerres à l'extérieur : moins de violence, plus d'hypocrisie. Enfin, même protestation contre l'égoïsme des heureux ; ici, par le socialisme international, là, par le christianisme catholique[3], c'est-à-dire, aussi, international.

Car, il n'y a pas à s'y tromper : éclos dans les masses à la suite d'une longue incubation, le christianisme fut, à son origine, un mouvement de révolte. Comment, en moins de deux siècles, devint-il la proie de mystiques rhéteurs qui le stérilisèrent en le dépouillant de tous ses côtés communistes et révolutionnaires ? c'est ce que nous examinerons au cours de ce livre.

CHAPITRE PREMIER
ANALOGIE DE LA DOMINATION ROMAINE ET DE LA DOMINATION BOURGEOISE

Les parvenus sont les pires des gens : ceci s'applique aux collectivités comme aux individus. Issus de brigands et d'esclaves fugitifs, les Romains furent les plus orgueilleux des vainqueurs, les plus impitoyables des conquérants.

Cette race de durs agriculteurs attachés à la terre, maîtres absolus au foyer, s'était transformée peu à peu, tout en demeurant aussi âpre au gain. À mesure que la simplicité des mœurs disparaissait, l'esprit de conquête grandissait. Comment eût-on conservé, accru la richesse nécessaire pour subvenir à de nouveaux besoins, sinon par le travail des esclaves et les rapines de la guerre ? Et voler des terres, acquérir des esclaves, se partager d'opulentes dépouilles, tel fut l'éternel objectif des descendants de Romulus.

Tout l'ancien monde était devenu leur proie. De l'Atlantique au golfe de Perse, des forêts germaines au désert lybien, une armée de fonctionnaires trônaient au nom du peuple-roi. D'innombrables légions imposaient la terreur aux nations vaincues : jamais pillage ne fut comparable à celui-là : c'était l'univers mis en coupe réglée.

Des messieurs graves, payés pour bourrer de notions quelconques les jeunes cerveaux, nous ont appris à nous extasier sur les vertus romaines. À travers leurs rabâchages officiels, Scipion, César, Caton, Cicéron, nous sont apparus plus grands que nature. L'antiquité a jeté son ombre discrète sur les défauts et les vices de ces grands hommes. Nous ne voyons plus en eux le glorieux dissolu, le général perfide et cruel, l'usurier impitoyable, l'avocat parvenu, lâche aux puissants, féroce aux démagogues, — véritable figure moderne ! Nous les admirons comme des modèles : admiration dangereuse qui nous a valu, il y a un siècle, la république jacobine et, dans la période suivante, la foule des mauvais tribuns et des avocats sans conviction, faisant du Palais de Justice une antichambre du Palais-Bourbon.

Combien il faut en rabattre ! La république si vantée par les cuistres de collège ne fut jamais que le règne de l'argent et celui de l'épée. Le règne de l'argent avait commencé sous Servius Tullius, alors que ce roi, pour mater la plèbe, eut l'ingénieuse idée de comprendre tous les sans-le-sou dans une seule centurie qui, aux jours de vote, n'avait que son unique suffrage à émettre en face des multiples suffrages des possédants répartis, proportionnellement à leur fortune, en cent quatre-vingt-douze centuries. Éternelle falsification du suffrage dit « universel »[4]. Mais ce n'était pas assez d'avoir frustré les prolétaires de tous droits politiques, on s'acharna à leur rendre la vie impossible. Comme de nos jours, la situation des petits cultivateurs, ruinés par les guerres, les impôts et les usuriers était effroyable. À toute époque, le paysan a été la bête de somme corvéable à merci. Les droits que la loi romaine donne au créancier sur son débiteur font frémir : le malheureux qui ne pouvait payer était chargé de chaînes pesant au moins quinze livres, jeté en prison, battu de verges et nourri dérisoirement d'une livre de farine par semaine. Cela n'était encore rien : si, au bout de soixante jours, après la publication de la dette répétée en trois marchés, le débiteur n'avait pu payer ou transiger, il était vendu au-delà du Tibre ou tué ; s'il avait plusieurs créanciers, ceux-ci étaient autorisés à se partager les lambeaux de son corps. Cela dura jusqu'à la loi Hortensia, en 286 (av. J.-C.).

Certes, les philanthropes peuvent constater avec orgueil que, chez nous, la prison pour dettes, abolie du reste depuis 1867, fut moins cruelle. Il est vrai que notre raffinement de civilisation n'empêche

CHAPITRE PREMIER

pas les crimes, les suicides et la prostitution, mais les économistes bourgeois sont là pour prouver que la propriété individuelle, n'est pour rien dans ces misères !

Les Romains eurent la passion propriétaire[5] à son paroxysme : chez eux, épouse, enfants étaient la chose du chef de famille[6].

Les premiers siècles de la république s'étaient passés en luttes entre patriciens et plébéiens : à la fin, ceux-ci l'emportèrent, mais la masse n'y gagna rien. En effet, ce n'était que les plus fortunés des roturiers qui avaient supplanté les nobles ; l'oppression avait été non détruite mais déplacée, elle pesait maintenant, plus lourde que jamais, sur les non-possédants, sur le peuple immense des vaincus incorporés et des esclaves. Émancipés de la veille, les riches plébéiens s'étaient grandis dans des charges publiques créées exprès pour eux, et avaient fusionné avec les anciens nobles. Éternelle histoire des castes privilégiées, que les prolétaires eux-mêmes contribuent à élever ! Deux mille ans plus tard, chez un peuple qui, au nom de l'égalité, venait de couper la tête à son roi et à ses seigneurs, on devait voir une aristocratie d'argent, cauteleuse et avide, remplacer l'aristocratie d'épée, et de fougueux démagogues ramasser, pour s'en parer, les débris de la ferblanterie héraldique.

Deux forces concouraient à maintenir l'ordre de choses établi : la religion et le droit. Tant qu'ils avaient eu leur fortune politique à faire, les tribuns du peuple avaient battu en brèche la superstition avec laquelle on enchaînait les masses. Une fois parvenus, ils avaient fait volte-face : le bon temps des augures et des prodiges était revenu. Ne sont-ils pas dignes de ces tribuns romains, nos bourgeois voltairiens qui philosophent au coin du feu et vont à la messe, proclamant la nécessité d'une religion pour le peuple ?

D'un autre côté, la jurisprudence, jadis mystérieuse, presque mystique, s'était développée avec l'ordre social ; multipliant les formules et les procédures, elle était devenue une science ouverte à tous, en apparence, mais, en réalité, inaccessible comme toute science, au vulgaire n'ayant ni le temps ni la faculté d'étudier : commencement du règne des avocats.

Les oiseaux de proie sont là, maintenant, qui emplissent le Forum de leurs cris aigus. L'âpreté romaine s'est mariée à la subtilité grecque et, du mariage, la chicane est née. Le terrain où doit

Charles Malato

germer la scolastique du moyen âge, se prépare admirablement.

Sept siècles après la fondation de Rome, ce fumier était en pleine floraison. Pontifes, jurisconsultes, nobles anciens et nouveaux se disputaient les dépouilles enlevées à l'univers et rapportées dans la ville souveraine par des généraux qui ne furent jamais dépassés en avarice et en cruauté. Et le peuple, corrompu par ses maîtres, devenu lâche et cruel, ramassait les miettes.

Pour entretenir la gloire de Rome, quatre-vingts millions d'êtres humains travaillaient, souffraient et mouraient. Vainement, la masse misérable avait-elle tenté de la révolte. Guerres sociales, soulèvements d'esclaves, conspirations avaient été successivement écrasés, non sans laisser subsister des ferments de révolution. Le monde, courbé sous une verge de fer, attendait sa délivrance.

Ceci non au figuré, dans un sens mystique, mais au réel. La conquête romaine, en centralisant le pouvoir, en unifiant les peuples par la langue et les mœurs, n'avait fait que frayer le chemin à une révolution. Règle générale, c'est à ce résultat qu'aboutit l'absorption des oligarchies par un pouvoir unique, bien fort en apparence puisqu'il domine tout, mais bien vulnérable puisqu'il est isolé et en butte à toutes les attaques. La monarchie française, victorieuse de la féodalité, nationalise la France, puis, restée seule en face de la nation, croule faute de soutiens puissants, et, aujourd'hui, la concentration des capitaux mène droit à la révolution sociale.

Félix Pyat, qui faisait de la démocratie à coups de déclamations romantiques, écrivit, un jour une vérité : la Gaule, asservie successivement par les Romains et les Francs, a éliminé par la révolution de 1789 l'élément germain ; par la révolution sociale, elle éliminera l'élément latin.

Il eût mieux fait encore de dire l'esprit germain, l'esprit latin car, pour ce qui est de leurs éléments ethniques, ces races se sont pénétrées ; une fusion s'est faite comme dans un creuset et c'est ainsi que la France est devenue une nation si bien douée, si merveilleusement plastique. Mais l'esprit germain belliqueux et autoritaire[7], vivait dans cette féodalité séculaire au-dessus de laquelle s'élevait le roi, et l'esprit latin se manifeste dans cette bourgeoisie avocassière et rapace, dissimulant son despotisme sous des institutions démocratiques.

CHAPITRE PREMIER

La grande masse de la nation française est toujours profondément celtique ; en dépit des institutions latines ou germaines léguées par les conquérante et plus ou moins respectées par les générations suivantes, l'esprit gaulois a survécu. Dans ces révoltes de Bagaudes, de Pastoureaux, de Jacques, de socialistes, il y a autre chose qu'une lutte de castes. De véritables lois chimiques régissent ces molécules humaines qui, poussées par leurs affinités naturelles, se heurtent, se composent et se décomposent en formes nouvelles.

Un formidable réveil de l'esprit celtique se prépare à notre fin de dix-neuvième siècle, et qui sait jusqu'où cela ira, combien d'épaves pourries la vague populaire emportera avec elle ? Qui sait aussi, si les défenseurs d'une religion aux abois, ou d'orgueilleux créateurs d'une foi nouvelle ne s'efforceront pas de leurrer une fois de plus une masse inflammable, fanatique dans ses explosions de colère, sentimentale plus que logique et portée, tant par son ignorance que sa soif de morale, vers les religions idéalistes ? Cette commotion se répercutera au-delà des frontières ; une fois de plus, le moule social changera de forme.

À la veille d'un pareil bouleversement, l'esprit se reporte à dix-neuf siècles en arrière.

Après l'écrasement des grandes révoltes d'esclaves, (d'Ennus et d'Athénion en Sicile ; de Spartacus en Italie) après l'assassinat de Viriathe, le héros lusitanien, et de Sertorius, défenseur de la démocratie ibérienne, après l'asservissement des tribus gauloises et des nations asiatiques, on pouvait croire les masses humaines abattues sans retour aux pieds de Rome. Il n'en fut rien ; ces mouvements, quoique étouffés, eurent une résultante : le christianisme.

Dépouillé de ses côtés métaphysiques et fabuleux, le christianisme nous apparaît le cri de revendication des masses opprimées, bientôt mélangé des rêveries de l'école platonicienne, puis singulièrement grossi des légendes mythologiques de l'Orient, cette terre de l'hyperbole, enfin, hélas ! sophistiqué par la tourbe des théologiens et des chefs de sectes, qui le détournent irrévocablement de sa voie.

Charles Malato

CHAPITRE II
LE JUIF. — ORIGINES DU CHRISTIANISME

Quel être a jamais été à la fois plus faible et plus puissant, plus méprisé et plus craint que le Juif ?…

Subjugé par les Romains, il détruit la puissance romaine et ses dieux ; mis au ban de l'humanité par le christianisme, il étrangle celui-ci de ses doigts crochus. C'est lui qui, au moyen âge, à l'œuvre dans l'atelier de blasphèmes des princes de Souabe et d'Aragon, sape insensiblement la papauté et forge les armes terribles, faites de raisonnements et d'ironies qu'il léguera aux sceptiques de la Renaissance, aux libertins du dix-huitième siècle, à Voltaire lui-même.

— « Le peuple juif, dit Darmesteter, à deux moments a renouvelé le monde : le monde européen par Jésus, le monde oriental par l'Islam » —Actuellement, les sémites, disséminés sur le globe et puissants par leur dispersion même, sont les agents les plus actifs de cette profonde révolution économique, que la fin de notre siècle réserve sûrement à l'Europe et à l'Amérique. Chose merveilleuse, ils y concourent par leurs castes les plus opposées : par leurs banquiers, draineurs de milliards, les Rothschild, les Hirsch, les Bleichrœder, comme par leurs écrivains socialistes : les Lassalle et les Karl Marx.

On s'est plu à les représenter comme un peuple resté identique à lui-même à travers les âges et les différents milieux qu'il a traversés. C'est là une exagération qui confine à la légende : les Juifs n'ont pas échappé à cette influence de l'ambiant qui, sans cesse, tend à détruire les transmissions héréditaires. Les différences notables que présentent les Juifs de Russie et de France, d'Allemagne et d'Algérie ; d'Italie et de Hollande, nous montrent à quel point a pu varier cette race destinée, en fin de compte, à fusionner avec les autres. Tandis que le *pann amender*[8], âpre et servile, parcourt les villages qu'il rançonne, sanglé dans une misérable casaque, ou vêtu de haillons sordides, — sauvage au cuir tanné, à la démarche féline, aux allures obséquieuses ou brutales, cramponné, du reste, aux rites surannés du Talmud, — le *youtre* parisien, riche ou pauvre, est jovial, bon enfant, à la vérité adroit en son commerce, frotté de scepticisme gouailleur, souvent athée. Toutefois, malgré les diversités de manières, de ton, de langage, à travers l'enveloppe grasse et rubiconde du banquier de Francfort, ou noire et décharnée du trafiquant portugais, on arrive à reconstituer le type primitif : nez recourbé, crochu, chez les uns comme un bec d'oiseau de proie, finement aquilin chez les autres, yeux pénétrants, front haut, plus ou moins fuyant, menton en saillie, esprit tenace et délié.

Les Juifs furent, sans contredit, un peuple à tendances synthétiques, centralisatrices. Ils centralisèrent d'abord la religion, en réunissant tous les dieux antiques en un seul, puis le pouvoir politique, passant de l'autorité de leurs patriarches à celle d'un chef unique. Leurs descendants devaient les égaler en effectuant la centralisation des capitaux.

Chose étrange, ces hommes qui devaient plus tard personnifier le génie de l'agio, vécurent sous des institutions empreintes de socialisme. Le souvenir d'une origine, et d'adversités communes créait entre les tribus un lien de solidarité. Même après la guerre intestine que causa le viol de la femme d'un lévite par des Benjamites [9] et qui eut pour résultat la presque extermination de cette tribu, les vainqueurs se préoccupèrent d'empêcher par des mariages l'extinction de leurs frères vaincus. L'usure était sévèrement proscrite. Tous les cinquante ans, les terres aliénées faisaient retour à leurs anciens possesseurs, et les esclaves sémites recouvraient la liberté. La grande fête nationale était la Pâque qui, plus tard, passa dans le judaïsme réformé ou christianisme et qui commémorait l'émancipation du prolétariat israélite, jadis opprimé par les Égyptiens.

La doctrine de Moïse est incontestablement matérialiste : elle ne fait aucune mention d'une âme immortelle, d'une vie extra-terrestre, d'un paradis, d'un enfer. Tout se borne à des maximes de morale et à des règlements sociaux. « Honorez la vieillesse, fuyez le mensonge, la calomnie, l'adultère, la sorcellerie ; laissez les pauvres glaner le surplus de vos récoltes ; payez la dîme aux ministres du culte », tels sont, en substance, les préceptes que dicte sur les hauteurs du Sinaï le dieu que Moïse fait comparaître pour donner plus d'autorité à sa loi.

Le contact des prêtres égyptiens, qui ne partageaient pas les superstitions vulgaires, avait pu éveiller chez ce législateur et probablement chez son frère Aaron, la croyance en un dieu unique. Mais cette croyance était alors si vague chez le peuple que, pendant plusieurs siècles, il alla du monothéisme au polythéisme, adorant tantôt Jéhovah, tantôt Baal, Moloch ou Astarté.

Les Juifs vécurent longtemps sous une sorte de république élective, les mutineries du peuple tempérant l'autorité dictatoriale des juges. À la fin, lassés de ces tiraillements et devenus moins nomades, ils demandèrent un roi. La fonction quelque agréable qu'elle fût, avait ses désagréments, et le premier de ces souverains, Saül, eut à combattre, après son couronnement, l'hostilité parfois sourde, jamais assoupie de l'ex-juge Samuel qui, non sans peine, s'était démis de ses fonctions en sa faveur, croyant trouver en lui un simple instrument. Les autres rois eurent à lutter contre des démagogues au verbe enflammé, qualifiés de prophètes et qu'une partie du peuple, plus durement asservi que jamais, soutenait de ses vœux et de ses espérances. Il va sans dire que ces ennemis de la royauté faisaient fréquemment intervenir le ciel pour augmenter leur ascendant sur les masses. De tous, le plus fameux paraît être Élie, dont l'image reste dans le peuple, bientôt extraordinairement agrandie. Ses deux retraites au désert, où il fut contraint de se réfugier pour échapper au ressentiment du roi Achab, devinrent l'objet d'une légende. Comme tous les prophètes, il était accompagné de disciples dévoués, vivant en parfait communisme : la fiction le fait nourrir, pendant la première retraite, par un corbeau qui lui apportait de la viande, et, pendant la seconde, par un ange. C'est sous la domination grecque qu'a été échafaudée la Bible, avec des fragments de légendes hébraïques, comme fut l'Illiade avec les vieux récits de la guerre de Troie. Or, tout en faisant la part de l'exagération orientale, l'étymologie (*Angelos, messager*) nous montre dans quel sens purement terrestre a souvent été employé le mot ange.

Les Juifs vécurent dans un état de tension continuelle. Placés au milieu de peuples hostiles, submergés plusieurs fois par le flot montant des grandes invasions, ils se défendirent courageusement contre les Égypto-Éthiopiens, les Babyloniens, les Perses. Alexandre le Grand les avala d'une bouchée. À partir de ce moment, une fusion commença entre les idées nouvelles importées d'Occident

CHAPITRE II

et le judaïsme. Tandis que la mythologie païenne enrichissait les légendes bibliques, faisant de Moïse un second Bacchus législateur et conquérant, mariant Deucalion et Noé, Hercule et Samson, la doctrine platonicienne prenait racine et se développait. Le mépris affecté par les rabbins pour la science grecque, montre que, non seulement cette science leur était connue, mais qu'ils entrevoyaient avec terreur son action transformatrice sur les vieux dogmes. Négation plus ou moins hardie du polythéisme, immortalité de l'âme, récompenses et punitions dans une vie extra-terrestre, voilà les principaux germes du christianisme semés sur la terre de Judée par les disciples de Platon.

Leurs idées communistes se marièrent également aux doctrines égalitaires des esséniens et des thérapeutes. Au milieu des commotions politiques et des luttes pour l'indépendance nationale, des sectes s'étaient formées où l'esprit de solidarité était poussé à sa conséquence naturelle : le communisme. Et lorsque Rome la géante eut étendu sa main de fer sur la Judée, toute vie, tout mouvement se réfugièrent dans les sectes.

Comme il arrive toujours, l'action qui ne pouvait plus s'exercer violemment dans le monde des faits, s'exerça dans le monde spéculatif. Concentrés dans l'étude de la loi, les Juifs y mêlèrent leurs souvenirs nationaux, ainsi que cette espérance commune à tous les peuples asservis : la venue d'un sauveur qui chasserait les maîtres étrangers. Et quel autre qu'un envoyé du ciel pouvait mener à bien une tâche aussi colossale ?

Peu à peu, le dieu d'Israël, de rival jaloux des autres divinités, était devenu le dieu unique de justice et, bientôt, d'amour. Étroite par le culte, cette religion était large par l'idée ; forcément, elle devait remporter sur les autres, caduques et contradictoires.

Les germes d'une immense révolution existaient donc bien avant Jésus qui ne fit que les mettre en lumière, non par ses actes, mais par sa mort. En résumé, c'était : tendances à l'égalité et au communisme, négation des dieux, négation qui, timide au début, s'enhardit puis s'étendit insensiblement aux prêtres, aux docteurs, aux fonctionnaires officiels, complices effacés de l'oppression romaine.

À mesure que les maîtres appesantissaient leur joug, la haine croissait contre les dieux, ces dieux implacables qui sanctionnaient l'injustice en prophétisant le règne éternel de Rome. La philosophie, le fanatisme religieux et le patriotisme font fermenter les esprits, embrasent les cœurs : la révolte n'est pas loin.

Juda, fils de Sariphée et Mathias, fils de Margaloth, s'efforcent de soulever le peuple. Ils sont battus, pris et suppliciés, mais l'agitation persiste, des émeutes isolées, des insurrections sans cesse écrasées et sans cesse renaissantes, tiennent en haleine les procurateurs romains ; un volcan trépide sous leurs pas.

En l'an VI de notre ère, Sadok et surtout Juda le Gaulonite se soulèvent contre le recensement et l'impôt. L'excès de la tyrannie engendre des aspirations vers la liberté sans limites ; l'insurrection a un caractère nettement anarchiste : « N'appelez personne votre maître, » telle est la profession de foi formulée dans un cri de guerre. « Ni Dieu ni Maître ! » proclameront, dix-huit siècles et demi plus tard, de nouveaux anarchistes.

La révolte est écrasée, mais ses idées subsistent : « Un mépris extraordinaire de la vie, dit Renan [10], ou, pour mieux dire, une sorte d'appétit de la mort, fut la conséquence de ces agitations. L'expérience ne compte pour rien dans les mouvements fanatiques. L'Algérie, aux premiers temps de l'occupation française, voyait se lever, chaque printemps, des inspirés qui se déclaraient invulnérables et envoyés de Dieu pour chasser les infidèles ; l'année suivante, leur mort était oubliée et leurs successeurs ne trouvaient pas une moindre foi. »

Il est à remarquer que tous les grands mouvements sociaux ont été précédés et accompagnés de troubles psychiques. À l'approche de ces commotions, quelque chose d'indéfinissable flotte dans l'air qui déséquilibre les cerveaux. Les jacqueries du moyen âge ont eu leurs sorciers, leurs extatiques, leurs miracles même, car le miracle n'est souvent que la simple manifestation d'un phénomène physiologique : impressionnabilité des nerfs, puissance intuitive de l'imagination, pénétration magnétique des individus. La Révolution française est précédée d'un demi-siècle de scènes étranges, dignes du pinceau d'Holbein : convulsionnaires du cimetière Saint-Médard, Illuminés, Mesmériens. Toutes les fibres du cerveau, étrangement surexcitées, vibrent sous un vent de folie

CHAPITRE II

qui n'est peut-être que la perception confuse de grands événements. La science matérialiste expliquera sans doute un jour cette réaction des faits sur l'organisme humain, analogue à ces ondulations qui s'engendrent et se reproduisent à l'infini.

La dégénérescence physique des classes supérieures, minées par l'excès des jouissances, contribue à créer cet état pathologique. Aujourd'hui, à la veille de la révolution sociale, les névroses, les hystéries, en un mot, toutes les affections cérébrales sont plus fréquentes que jamais.

Telle était la situation des esprits, lorsqu'un enthousiaste austère, Jean, se retira dans les régions désertes qui avoisinent la mer morte. Aidé de compagnons fidèles, il s'efforça d'organiser contre les oppresseurs non plus une révolte ouverte, mais une propagande sourde. Sous le voile de cérémonies religieuses qui lui attirent des foules, Jean harangue, déclame contre les pouvoirs établis, prêche le communisme, recrute des sectateurs. Les débris des insurrections vaincues, les esséniens, les thérapeutes viennent se grouper autour de lui. « C'est Élie ressuscité, c'est le libérateur, le Messie [11] », commençait à murmurer le peuple.

Les autorités ne s'y laissèrent point prendre. Ces multitudes courant se plonger dans les eaux du Jourdain [12] aux accents enflammés du prophète les inquiétaient. Des mesures énergiques furent prises pour empêcher une sédition. Avant que Jean eût pu tenter un mouvement sérieux, il fut arrêté par les ordres d'Hérode Antipas, emprisonné dans la forteresse de Machéronte et, douze mois après, décapité.

La mort du baptiseur n'arrêta point la fermentation populaire. De plus en plus, les prêtres juifs se discréditaient par leur servilité envers les Romains, par leur hypocrisie et leur avarice. Une poignée de prolétaires, artisans, pêcheurs, vagabonds, femmes publiques, se groupaient autour d'un jeune charpentier, orateur insinuant, rêveur plus que penseur, modérément courageux, du reste. Jésus de Nazareth paraît certainement inférieur par le caractère aux grandes figures antiques : Socrate, Philopœmen, Spartacus, Caton d'Utique, les Brutus. Âme tendre, nature contemplative, il n'eut jamais l'énergie de résister en face aux autorités qu'il frondait dans ses discours. Son plus grand mérite, celui qui a fait passer son nom

Charles Malato

à la postérité, fut d'arriver à son heure et de mourir, assez malgré lui, au nom de ses idées.

La nouvelle doctrine se séparait de plus en plus du mosaïsme. À vrai dire, ce n'était pas encore une doctrine ; résumant les aspirations des masses anonymes vers l'indépendance et l'égalité sociales, elle n'avait d'autre rite que le baptême, auquel était attaché un sens allégorique. Les repas en commun, engendrés par une vie nomade de propagande, étaient une habitude, et rien de plus, qui resserrait ces gens unis par une étroite solidarité, rien ne ressemblait moins au cérémonial de l'eucharistie. La table n'a-t-elle pas toujours été ce qui rassemble les hommes, même ennemis, ce qui unit davantage les amis ? Les banquets jouent un rôle considérable dans la vie sociale, dans les effervescences populaires et les manifestations politiques : c'est une communion laïque et le choc des verres est considéré comme un gage d'alliance.

Quelle différence avec les religions officielles qui n'apparaissent qu'au travers des cérémonies pompeuses et des formules mystiques ! Le christianisme, tout chaud du souffle populaire, était alors profondément humain. C'était une réaction non seulement contre le despotisme romain, mais aussi, contre cet esprit vieux-juif, dur, sectaire, dévotement cruel. Certes, des légendes bizarres, grossies par la superstition, venaient parfois l'effleurer : le moyen que sur cette ardente terre d'Orient où tous les cerveaux étaient en ébullition, les faits les plus simples, colportés de bouche en bouche, n'atteignissent pas des proportions gigantesques ?

À une époque où la crédulité était sans bornes, où l'imagination la plus désordonnée enfantait des dieux chèvre-pieds, des centaures et des hippogriffes, où le sang humain fumait sur les autels de Moloch et de Teutatès, quelle invraisemblance eût pu trouver un contradicteur ? C'est la foi aveugle des Hindous, répondant aux missionnaires chrétiens : « Nous ne nions pas les miracles opérés par votre Dieu, mais Wishnou et Brahma en ont fait bien davantage. »

Il est probable, même, que Jésus, comme le fit plus tard Mahomet, chercha à tirer parti de cette crédulité dans l'intérêt de sa cause. Du reste, autant l'enthousiasme naïf de ses auditeurs le charmait, autant il se montrait dédaigneux de toute dévotion officielle.

CHAPITRE II

Lorsque des pharisiens vinrent le quereller de ce que ses disciples, passant dans un champ de blé, en avaient arraché des épis, un jour de sabbat, il cita pour réponse l'exemple du roi David et de ses compagnons affamés, entrant dans le temple et mangeant des pains de proposition réservés aux seuls sacrificateurs. C'était, sous le couvert du saint roi, proclamer la suprématie du droit à l'existence. Et, comme pour scandaliser jusqu'au bout le fanatisme de ses interlocuteurs, il conclut : « Le sabbat a été fait pour l'homme et non pas l'homme pour le sabbat. »

Une telle réplique n'était pas sans hardiesse. Ce fut par une suite de sorties de ce genre, que Jésus s'attira la haine des docteurs et des prêtres ; comme sa violence était toute dans ses discours, — sans doute entrevoyait-il le peu de chances de succès d'une lutte contre Rome, — il dut partager le sort des novateurs qui n'ont pas fait alliance avec la force. Arrêté, sans coup férir, il subit pour la forme un procès dans lequel il se défendit avec plus d'habileté que de courage, affirmant qu'il n'avait jamais fait appel à la révolte, son royaume n'étant pas de ce monde. Cet échappatoire ne lui servit pas : innocenté par le gouverneur romain sur le chef de conspiration, il fut condamné par le Sanhédrin [13] pour crime d'hérésie. Le peuple, auquel il n'avait jamais osé prêcher l'insurrection contre les pouvoirs établis, ne bougea pas pour le délivrer. Jésus fut cloué en croix comme un obscur malfaiteur.

Le supplice de cet homme a rempli l'univers. L'image du jeune et blond ouvrier, à la douce parole, aimé des femmes, suivi des foules, demeura longtemps dans la plèbe et, s'agrandissant avec le temps, finit par atteindre des proportions surhumaines.

Sur le moment, sa mort fut un rude coup pour ses disciples ; ils ne comptaient alors parmi eux aucun homme de grande valeur. Le plus marquant, Pierre, dont Jésus aurait fait son lieutenant, était un assez pauvre esprit, doué, il est vrai, de quelque courage. Ils durent transformer leur action en une propagande sourde ; ils végétèrent ainsi jusqu'au jour où ils eurent la chance de rallier un homme énergique, de grandes capacités.

Paul, dont le christianisme a fait un saint, contribua plus que tout autre à asseoir cette religion. Bien supérieur à Jean le baptiseur, à Jésus et à Pierre, avec lequel il semble avoir été en rivalité, il s'efforça

Charles Malato

de condenser en un corps de doctrine toutes les aspirations confuses des chrétiens. Esprit méthodique il disciplina le mouvement qui, de social et moral, devint peu à peu politique et théologique. Cela est indéniable : Jésus avait fixé l'axe du christianisme à Jérusalem, la ville sainte par excellence ; Paul au contraire, le transporte à Rome, la païenne et la dissolue : pourquoi ? C'est qu'il est pénétré de cette idée qu'il faut attaquer l'ennemi dans son foyer. C'était la tactique des Annibal et des Scipion.

De Jésus à Paul, il y avait la différence du poète au mathématicien. Le premier, nature très peu juive, avait entrevu, comme dans un rêve, l'universel embrassement des hommes sous le ciel bleu : il avait glorifié cet idéal dans des discours attendris, sans se mettre jamais en mesure de le réaliser par la force ou par l'astuce ; les aptitudes guerrières ou politiques lui faisaient totalement défaut. Il aimait le peuple, d'ailleurs, vivait de sa vie et ne cherchait pas à lui imprimer une direction quelconque. Paul avait les qualités et les défauts des autoritaires ; doué d'une éducation soignée, il tenait en pitié un peu hautaine, la masse livrée à l'ignorance la plus grossière et peut-être les disciples de Jésus eux-mêmes qu'il dépassait de toute la hauteur de son esprit. Il fut amené à exercer une véritable dictature et à organiser une discipline qui devait, avec le temps, engendrer une hiérarchie tout à fait théocratique.

Mieux que tous ses prédécesseurs, il avait compris que le mouvement chrétien ne pouvait réussir qu'à la condition d'être généralisé. Il entreprit des voyages de propagande dans l'Asie Mineure, la Grèce et l'Italie. Comme partout existaient les mêmes germes de mécontentement et de dissolution sociale, partout il recruta des adhérents.

Les chrétiens eurent cette supériorité sur les Juifs dont ils descendaient, qu'ayant entrevu une refonte sociale, ils voulurent, non pas la restreindre à un seul peuple, mais en faire bénéficier l'humanité. Ils furent cosmopolites au plus haut degré. Les Juifs, chauvins étroits, s'étaient créé un dieu national, terrible aux infidèles ; les Grecs, malgré leurs tendances démocratiques, avaient érigé en principe le mépris de celui qui ne s'exprimait pas dans leur langue, du *Barbare*. Les Romains, tyrans avides, avaient asservi l'univers, et n'avaient excepté de la sujétion générale qu'un petit nombre d'élus auxquels ils avaient accordé comme suprême faveur

CHAPITRE II

le titre de citoyens. Les chrétiens entrevirent une rédemption universelle et même lorsque, plus tard, sous diverses influences, leurs idées primitives se furent altérées, lorsque leur idéal d'émancipation terrestre se fut transmuté en religion, leur dieu resta le dieu d'amour, père de tous les êtres, préparant le salut de tous, même des Gentils, c'est-à-dire des peuples étrangers. Toutefois, en vertu de cette loi des affinités qui régit les corps humains tout comme les atomes chimiques, les Grecs furent les premiers qui se mêlèrent au grand mouvement réformiste. Ainsi, la Judée rendit, toutes florissantes, à la terre des philosophes, les idées dont celle-ci lui avait infusé le germe. « Il n'y a point de distinction entre le Juif et le Grec », déclara Paul, (épître aux Romains, chap. X), affirmation qui atteste bien l'internationalisme de la nouvelle doctrine et sa parenté avec le platonicisme.

Avec toute son énergie, Paul était un opportuniste. Pour attirer à lui la masse des propriétaires, éternels amis de l'ordre et du gouvernement, il châtra le christianisme de ses côtés anarchistes ; au communisme il substitua la charité, la dégradante aumône. Craignant sans doute, comme Jésus, que des révoltes noyées dans le sang n'entraînassent la ruine de l'idée nouvelle, il mit la prudence à l'ordre du jour. Cette prudence, de plus en plus outrée, devint l'exécrable résignation qui fit supporter le joug aux peuples opprimés pendant dix-huit siècles [14].

Déjà, le christianisme, accaparé, classifié par des docteurs, commençait à se subdiviser en sectes rivales. C'était l'éparpillement d'un grand courant en une foule de courants secondaires : loi fatale qui régit les mouvements sociaux. Ces sectes qui s'entre-déchirent, tout en combattant l'ennemi commun, nous les retrouverons, sous différents noms, à chaque période de fermentation populaire. Au seizième siècle, ce sont les Luthériens, les Zwingliens, les Anabaptistes. La Révolution française a ses Girondins, ses Montagnards, ses Hébertistes et, actuellement, nous marchons à la révolution sociale à travers les disputes des possibilistes, blanquistes et anarchistes. Pendant que la masse juive, hostile à la théologie naissante, mais travaillée par les idées dont Juda le Gaulonite, Jean le Baptiseur et le pacifique Jésus lui-même ont été les martyrs, poursuit par de fréquentes révoltes, la réalisation de son indépendance nationale, l'église de Rome, plus réfléchie, chemine dans l'ombre et, recrutant des fidèles parmi les fonctionnaires de César, se prépare patiemment au triomphe par la conquête du pouvoir.

En somme, les chefs du christianisme marchaient insensiblement vers un divorce avec la foule. Tandis que les plus sincères, rejetant tout charlatanisme, considéraient Jésus comme un fervent ami du peuple, martyr de l'égalité et de la justice, les autres, pour en imposer au vulgaire disposé à tout croire, avaient commencé à élaborer une légende à laquelle venait s'adapter les vieux mythes de la Perse, les histoires merveilleuses du bouddhisme, colportés d'un bout à l'autre de l'Asie : le fils du charpentier de Nazareth devient le fils du Dieu suprême et d'une vierge ; il opère des miracles, communique avec le créateur et, finalement ressuscite. La révolte se transforme ainsi en religion et le paradis, que l'homme eût pu réaliser sur cette terre devenue libre, est relégué au bout de cette vie, dans un ciel où l'esclave deviendra l'égal du César. Encouragement à la vertu, pensaient d'aucuns ; oui, mais surtout, belle prime donnée à la soumission ! À ce compte, Spartacus lui-même eût été émasculé ; aussi, les empereurs, après avoir chassé de Rome les chrétiens encore révolutionnaires (49 et 64 apr. J.-C.), les laissèrent-ils à peu près en paix jusque sous Dèce (249 apr. J.-C). Ces hommes qui arrivaient à énoncer pour maxime : « Quand on vous frappe sur la joue droite, tendez la joue gauche » et « rendez à César ce qui est à César » leur semblaient avec raison peu redoutables.

Il n'en était pas de même de ceux d'Orient qui, espérant toujours qu'un libérateur surgirait parmi eux, se pliaient difficilement au joug romain. Ces chrétiens dits *judaïsants,* ne différaient guère des sectateurs du mosaïsme que par une morale plus humaine. N'étant pas adonnés, comme ceux de Rome, à la conquête du pouvoir, ils se tenaient à l'abri des compromissions et montraient une grande dignité de caractère. Quand les membres de l'église romaine et ceux de l'église de Jérusalem se trouvaient en présence, les dissensions n'étaient pas rares et des conflits naissaient, au cours desquels l'opportunisme des uns et l'intransigeance des autres étaient durement qualifiés.

Ce phénomène se produisit, que les idées nouvelles, à mesure qu'elles se propagèrent, perdirent de plus en plus de leur signification primitive. Elles se modifiaient, d'ailleurs, selon les

CHAPITRE II

mœurs et l'esprit des peuples qui les recevaient. Violemment austères en Judée, subtilement philosophiques en Grèce, politiques en Italie, démocratiques en Gaule où elles pénétrèrent vers la fin du deuxième siècle, elles recevaient partout une empreinte différente. Tandis que les docteurs d'Athènes et d'Alexandrie, dignes petits-fils de Platon, ergotent sur la nature du verbe, sur la monade et la triade, tandis qu'une organisation de société chrétienne s'ébauche à Rome, les masses perdent de vue leur rédemption ou, plutôt, désespérant de la réaliser sur cette terre, la reculent au lendemain de la mort. La révolution qui devait les émanciper aura Dieu lui-même pour acteur et s'appellera le jugement dernier : les flammes de la vengeance, non plus humaine, mais céleste, consumeront les oppresseurs.

De tout temps, le feu a joué un grand rôle dans les mythes religieux. Cette conquête, la plus précieuse qu'ait pu faire l'homme préhistorique, donna lieu à la belle fable de Prométhée chez les Grecs. Chez les peuples d'Asie, le feu fut considéré comme l'élément incorruptible, à la fois destructeur et purificateur. Arme populaire du faible qui se venge, le feu, dans la religion nouvelle, devint l'agent de la colère céleste. Aujourd'hui encore, c'est avec une dose de mysticisme que certains révolutionnaires parlent du *Coq-Rouge* [15].

Sous Néron, l'excès de tyrannie engendre dans les provinces, révoltes et conspirations. Pendant qu'à Rome, les mécontents rongent le frein, paralysés par une masse avachie, la Judée se soulève. Des montagnes, des déserts, une armée de furieux surgit. Gens prêts à tout, fanatiques dans l'idée, féroces dans la victoire, vivant entre eux dans le plus entier communisme. « La Judée était pleine de voleurs », a dit l'historien Flavius Josèphe. Voleurs ! ces hommes qui combattaient désespérément pour briser l'oppression rapace des Césars. Honnêtes gens ! les proconsuls romains, les procurateurs, les gouverneurs qui s'enrichissaient en faisant suer l'or et le sang aux provinces. Monsieur Prudhomme est de toute époque.

Sur toute la côte occidentale d'Asie, le peuple se soulève ; l'Arménie s'insurge et tient tête aux légions : les fonctionnaires, les roitelets protégés tremblent. Hérode Agrippa est chassé de Jérusalem à coups de pierres. La lutte pour l'indépendance s'engage et dure cinq ans. Esclaves fugitifs, cultivateurs ruinés, cavaliers parthes, nomades du désert, patriotes, mercenaires, prêtres, docteurs, aventuriers, se jettent comme un torrent sur les généraux romains. Césennius Pétus est chassé d'Arménie, Cestius Gallus, forcé de lever le siège de Jérusalem. L'Orient est en feu : va-t-il échapper aux Césars ? Non, hélas ! les peuples n'ont pas compris quelle solidarité doit relier leurs efforts. La Grèce, par où l'incendie eût pu se communiquer à l'Europe, s'immobilise dans la métaphysique et fête Néron ; l'Égypte, façonnée de longue date à la servitude, reste calme. L'Occident n'est occupé que des querelles de généraux qui se disputent le pouvoir : révoltes aristocratiques dont la plèbe n'a rien à attendre. Pendant ce temps, Vespasien et Titus arrivent à la tête d'armées puissantes, circonscrivent la révolte, écrasent Joseph Gorionide, s'emparent de Jafa, Jotapat, Gadara, pacifient la Galilée par le gibet et la torche. Chassés de leurs retraites, exterminés en rase campagne, les défenseurs de l'indépendance, hommes, femmes, enfants, vieillards, au nombre de douze cent mille, s'enferment dans Jérusalem.

Titus accourt assiéger ce dernier rempart. Ce n'est plus Rome et Jérusalem qui sont aux prises : c'est la force et l'idée. Les légions d'airain qui viennent battre les murs de la ville sainte sentent passer au-dessus d'elles comme des effluves surnaturelles. Mille impressions étranges les assaillent et les pénètrent pendant que, dans la cité, tout s'arme, bouillonne, s'exalte, prophétise : visions étranges, révélations, miracles se multiplient et viennent soutenir la résistance des combattants. Non, le peuple de Dieu ne périra pas ! Les descendants de Moïse et de Salomon, champions de la religion vraie, unique, absolue ne fléchiront point devant César simple mortel ! Contre le livre sacré du rabbin se brisera le glaive du centurion.

La résistance est rude ; aussi Titus ne se contente pas de combattre : il envoie en parlementaire le traître Josèphe (Flavius) [16], il s'efforce de corrompre, flatte, promet, menace. Et, déjà, quelques-uns des plus riches ou des plus compromis chancellent : ils vont trahir, mais le poignard des intransigeants en fait justice, le pontife Ananias est massacré et, malgré la famine, malgré la peste, personne n'ose parler de se rendre.

Rien de plus poignant que l'agonie de ces grandes villes pressées

CHAPITRE II

par un ennemi impitoyable. Ceux qui, en 1870, ont assisté au siège de Paris garderont de ce moment tragique une impression ineffaçable.

Et, cependant, si la pyrotechnie moderne anéantissant des masses humaines sous une pluie de feu, est autrement redoutable que les béliers et les catapultes antiques, l'horreur de la défaite est moindre : l'esclavage n'est plus à craindre pour les vaincus, ni le massacre impitoyable, sauf toutefois, dans les guerres sociales, les plus acharnées, mais aussi les seules logiques.

Tous les sentiments s'exaltent dans ces heures de lutte suprême : le patriotisme, la foi religieuse, la solidarité, le mépris de la mort, comme aussi l'instinct de conservation et la peur : la vie est intensifiée.

La défense de Jérusalem dura sept mois. Lorsque la ville fut prise, sur douze cent mille Juifs, il en restait cent mille : ils furent vendus à l'encan ; la charrue passa sur l'emplacement de Jérusalem. L'univers trembla devant la justice de César.

L'histoire, cette prostituée, a fait de l'égorgeur Titus un bon prince. Quels crimes de Néron, de Caligula, d'Héliogabale, ont jamais pu égaler cet assassinat d'un peuple ?

Tout plia devant le règne de la force ; la réaction s'étendit universelle. La Judée fut vendue, la Thrace morcelée, les provinces libérées remises en sujétion et pressurées « comme des éponges », selon l'expression de Vespasien lui-même, le temple des Juifs d'Alexandrie abattu, les philosophes chassés de Rome, l'un d'eux, le stoïcien Helvidius, assassiné.

Un moment, la Gaule septentrionale, où le druidisme jetait un dernier feu avant de s'éteindre, avait hésité entre les Germains, libérateurs redoutables, et les Romains, maîtres auxquels elle finissait par s'habituer. Après un mouvement de révolte ébauché, on s'était, bien vite, replongé dans la servitude. Battu par ses compatriotes eux-mêmes, l'insurgé Sabinus, réfugié dans un souterrain, y avait vécu neuf ans avec sa femme Éponine, devenue mère. Découverts, ils furent tous deux mis à mort sur l'ordre de l'empereur.

Les documents qui permettraient de reconstituer d'une façon exacte l'histoire sociale du christianisme depuis cette période

Charles Malato

jusque sous Trajan font défaut. Il y eut vraisemblablement un demi-siècle de silence pendant lequel le christianisme continua de s'infiltrer dans les masses. Les milliers de Juifs captifs, traînés en Europe, y répandirent leur idées grossièrement commentées et interprétées par le vulgaire. Beaucoup de ces malheureux furent condamnés à bâtir l'immense amphithéâtre du Colisée où des chrétiens devaient être livrés aux fauves sous les yeux impassibles de César.

Règle générale : un peuple dispersé conquiert le monde, — moralement du moins, — en lui communiquant ses idées et ses mœurs. Dix-huit cents ans après la prise de Jérusalem, cinquante mille proscrits, fuyant Paris assassiné par un réacteur non moins féroce que Titus, devaient jeter sur le globe entier les germes de la révolution sociale.

Des manifestations matérielles accompagnaient l'évolution des idées : ce n'est pas d'aujourd'hui que date la propagande par le fait. En dépit de l'excessive prudence recommandée par Paul, des actes individuels très énergiques jetaient la terreur au milieu d'un peuple avachi et faisaient trembler la cour impériale : disparitions d'enfants nobles, empoisonnements mystérieux, meurtres que le vulgaire attribuait à la magie et qui n'étaient que le fait d'opprimés se vengeant. Sous Néron, un incendie, autrement terrible que les flammes métaphysiques du jugement dernier, consuma une grande partie de Rome. Le crime fut imputé, non sans vraisemblance, aux chrétiens dont un grand nombre périrent dans les supplices les plus affreux ; leurs descendants, devenus conservateurs, ont lâchement répudié cet acte de révolte et, le transformant en caprice d'empereur, l'ont attribué à Néron lui-même.

Sous Trajan, d'invisibles mains embrasèrent le Panthéon. Les coupables, n'ayant pu, cette fois, être découverts, on incrimina le feu du ciel. Quatre-vingts ans plus tard, le même feu du ciel consuma, à différentes reprises, le Capitole, le palais impérial et le temple de Vesta. Beaucoup durent y voir une revanche de Jéhovah sur les dieux de l'Olympe.

Cependant l'Orient, malgré les effroyables saignées, s'agitait toujours, vaincu mais non dompté. Autrement indépendants que les chrétiens d'Italie, lesquels, d'ailleurs, ne pouvaient guère

CHAPITRE II

s'insurger, ayant à supporter tout le poids du gouvernement central, les chrétiens judaïsants d'Afrique et d'Asie guettaient chaque secousse de l'empire et entretenaient dans une incessante agitation les populations voisines. Pendant que les Parthes et les Arméniens luttent sans relâche contre Trajan, André soulève les Juifs de Cyrène : c'est par légions que cette ardente terre d'Afrique dévore les hommes ; deux cent mille Romains et Grecs sont massacrés, les premiers comme oppresseurs ; les seconds, comme valets des despotes. Tout plie devant ce réveil furieux du sémitisme : l'Égypte envahie est mise à feu et à sang, Alexandrie saccagée, Cypre attaquée, Salamine détruite ; Trajan lui-même, le victorieux qui assourdit le monde du bruit de ses triomphes, est repoussé par les habitants d'Atra.

L'empereur irrité, persécuta violemment les chrétiens et les juifs d'Orient. La distinction, qui chaque jour, s'affirmait plus grande entre les sectateurs de Moïse et ceux de Jésus, n'empêcha pas la répression d'être la même pour tous. C'est, du reste, le propre de toutes les réactions de frapper indifféremment les sectes qui leur font obstacle, sans avoir égard à leurs dissensions.

Le successeur de Trajan, Adrien, moins soldat, plus diplomate, comprit la gravité de la situation. Il sentit que dans tous ces mouvements de peuples, ces explosions de fanatisme, c'était une immense révolution sociale qui couvait. Il se hâta de faire la paix avec les Parthes, les Sarmates, les Roxolans, afin de dissoudre cette formidable coalition que son prédécesseur, avec toutes ses victoires, n'avait pu briser. Des réformes apparentes furent opérées au profit des artisans et des esclaves eux-mêmes, soustraits à l'arbitraire de leurs maîtres et rendus justiciables des seuls tribunaux ; les ergastules, où les riches retenaient en servitude à leur profit des personnes libres, furent abolis : bribes de liberté que l'empereur jetait à la plèbe pour désarmer son mécontentement !

Les chrétiens à tendances pacifiques furent ménagés, caressés même ; en maintes contrées, leurs patriarches et leurs évêques avaient acquis une influence qui eût pu les rendre redoutables. Mais les avances du nouveau César les grisèrent ; ils se vautrèrent dans la plus humble soumission, leurrés par les promesses d'Adrien qui leur faisait accroire qu'il allait élever un temple au Christ. Abandonnés par ces lâches, leurs coreligionnaires compromis dans

Charles Malato

les soulèvements populaires, périrent dans d'atroces supplices. C'est ainsi que la réaction s'efforce de détruire les ennemis qu'elle n'a pu vaincre en opposant toujours les plus modérés aux plus avancés.

Une fois débarrassé de toutes craintes, l'empereur leva le masque. Il résolut de purger définitivement la Judée de sa semence révolutionnaire. Jérusalem, toute ruine qu'elle était, servait encore de nid à de nombreuses familles. Adrien la fit rebâtir sous le nom d'Ælia Capitolina ; le temple de Jupiter s'éleva sur l'emplacement de celui de Jéhovah ; une colonie païenne vint chasser les habitants de race sémitique.

Ceux-ci, pour la dernière fois, tentèrent un grand effort. Ce fut la convulsion de l'agonie. Toute la Judée se leva : les nouveaux habitants de Jérusalem furent exterminés ; puis les révoltés se donnèrent un chef. On n'en était plus à la foi superstitieuse en un Messie de race royale : la nation agonisante n'avait plus le temps de s'attarder aux légendes orgueilleuses ; plus haut que la généalogie parlait l'implacable nécessité. Le généralissime fut un plébéien énergique et astucieux, chef de brigands, disent les auteurs, mais pour les historiens officiels, tous les insurgés ne sont-ils pas des brigands ? Barcozeb (fils du mensonge), pour augmenter son ascendant sur les masses, se fit appeler Barcocabas (fils de l'étoile) ; des procédés, semblables à ceux employés par tous les prophètes le firent paraître un véritable envoyé de Dieu : par une étoupe, cachée dans sa bouche, il vomissait la flamme. Sous sa conduite, les Juifs, résolus à vaincre ou à mourir, tinrent tête pendant trois ans aux armées impériales. La guerre se termina par la ruine de cinquante forteresses, neuf cent quatre-vingt-cinq bourgades, et le massacre de six cent mille Juifs. Une innombrable quantité de tout sexe et de tout âge furent vendus au prix des chevaux dans les marchés de Gaza et de Térébinthe. Désormais, il n'y eut plus, dans la Judée dépeuplée, que des émeutes, fréquentes à la vérité, mais bien vite réprimées.

Cette catastrophe dut contribuer plus que tout à l'élan mystique qui transforma définitivement le christianisme en religion ; c'est surtout dans le malheur que prennent corps la foi et l'espérance. La véritable Jérusalem considérée par les fidèles comme la ville par excellence, — Athènes, Rome, Constantinople, Londres, Paris ont

CHAPITRE II

eu tour à tour ce rôle historique ; — n'existant plus, on se forgea une Jérusalem céleste, cité de bonheur et d'égalité où, après leur mort, habiteraient les justes.

L'Église de Rome grandit par la chute de sa sœur rivale. « On vit alors, dit Ch. Paya [17], se produire un singulier phénomène. L'Église la plus ancienne, la mère de toutes les autres, celle qui s'était tenue le plus fidèlement à la tradition des premiers apôtres, disciples du Christ, l'Église qui avait été constamment gouvernée par une succession d'évêques de la famille même de Jésus ; l'Église de Jérusalem, en un mot, affaiblie par les événements, fut déclarée hérétique, et son heureuse rivale, l'Église romaine, put poser sur ses ruines, les bases de sa future domination. »

CHAPITRE III
LA DÉCADENCE

Rome était en pleine décadence morale. Cette ville formidable qui avait asservi le monde mourait de sa victoire.

Toute la société antique avait été basée sur l'esclavage, domestication de l'homme plus profitable que l'aveugle immolation des prisonniers de guerre ou que l'anthropophagie des âges préhistoriques. Cette exploitation du faible par le fort a changé bien des fois de forme et de nom, elle s'est plus ou moins limitée, atténuée, elle n'a point disparu : le salariat actuel n'est pas autre chose.

Les petites républiques de la Grèce avaient compté en moyenne un homme libre pour dix esclaves. Le sort de ces derniers était relativement supportable : l'Athénien, livré aux spéculations philosophiques ou aux disputes oiseuses de l'Agora, était un maître peu exigeant, il ne consommait guère : le vin, l'huile, le froment, le miel, le lait et la chair des troupeaux lui suffisaient amplement. À Sparte, où les mœurs étaient plus rudes, l'Ilote avait à souffrir du caractère de ses maîtres plus que d'un travail excessif. En somme, on peut affirmer que, matériellement, les esclaves grecs, à l'exception de ceux condamnés aux durs travaux des mines, n'étaient pas beaucoup plus malheureux que les prolétaires actuels.

À Rome, il n'en fut pas de même : chaque opulent patricien

Charles Malato

avait en sa possession non plus une dizaine mais des milliers de misérables voués aux labeurs les plus écrasants et déchus de tout droit humain. L'oppression dont les plébéiens s'étaient, à la longue, affranchis, accablait inexorablement les vaincus et leur malheureuse postérité.

Cet ordre de choses entraînait l'oisiveté, non seulement des riches mais aussi de tout le peuple libre, habitué à vivre des largesses de ses maîtres qui captaient ainsi sa faveur. Les pires tyrans, les Caligula, les Néron s'étaient, de la sorte, créé et maintenu une popularité.

Le luxe, la mollesse et la débauche avaient pris des proportions inouïes ; la grande ville était devenue un immense lupanar où les hommes cherchaient des hommes et les femmes des femmes, le blasé n'ayant plus qu'une occupation, qu'un souci : inventer des raffinements inconnus.

La conquête de la Grèce et de l'Asie Mineure avait amené un débordement de sensualisme inouï. Les légionnaires, si rudes au départ, étaient revenus pourris moralement et physiquement. C'en était fait : un virus étrange circulait désormais dans le sang ; les molles langueurs de Lesbos s'étalaient en plein jour au Forum ; les matrones romaines faisaient châtrer leurs jeunes serviteurs pour en jouir sans craintes de grossesse ; César était le mari de toutes les femmes et la femme de tous les maris.

C'est ainsi que la famille romaine, si fortement constituée au début, allait se dissoudre pour faire place à la famille chrétienne, où l'autorité paternelle et maritale devait être tempérée, — primitivement, du moins, — par une morale inconnue au paganisme.

Jetons un coup d'œil sur cette foule bigarrée qui circule au Forum. De jeunes avocats, vêtus de tuniques légères dessinant leurs formes efféminées s'y promènent, entourés de petits groupes et déclamant avec des inflexions musicales. Ils ressemblent à des courtisanes étalant leurs charmes. Jadis, pour se faire connaître, ils attaquaient, avec une virulence étudiée, les magistrats sortant de charge, tous plus ou moins concussionnaires. Le procès Verrès avait édifié la fortune politique de Cicéron et montré aux ambitieux la voie à suivre. Nos avocats modernes, aspirant aux fonctions publiques n'agissent pas autrement. Mais, lorsque le pouvoir impérial se fut

CHAPITRE III

consolidé, il devint dangereux d'élever la voix, la toge s'inclina servilement devant l'épée et les jeunes harangueurs cherchèrent dans la corruption générale un moyen plus sûr d'arriver.

Quel est ce groupe d'hommes qui discutent avec chaleur ? Ce sont des marchands, esclaves ou affranchis pour la plupart, car le commerce est dédaigné par le citoyen libre... à Rome, du moins ; dans les provinces, c'est différent : on peut voler à son aise. Et le sujet de la querelle ? C'est de savoir si le turbot pour la cuisson duquel Donatien vient de consulter le Sénat a été réellement mis à la sauce piquante. On s'anime, les injures pleuvent, on va en venir aux coups, lorsqu'un homme à longue barbe blanche fend le cercle, se fait expliquer le différend et lâche majestueusement quelque sentence sur la sagesse antique. Et tous les disputeurs, subitement réconciliés, de s'unir pour huer le philosophe.

Des hommes taciturnes passent rapidement comme des ombres. Parfois, ils traversent les groupes, s'arrêtent, repartent : ce sont les délateurs. Rome, en érigeant de ses fortes mains la toute-puissance de l'État, a créé du même coup ce rouage obscur, malpropre, mais indispensable à tout gouvernement : la police secrète. Elle a régularisé l'espionnage et en a fait un service administratif.

Des guerriers barbares, récemment incorporés dans les légions promènent leur carrure athlétique et leur mine ahurie. Des enfants moqueurs les suivent en piaillant comme des oiseaux, tandis que des femmes aux traits pâlis et distingués, patriciennes dissimulant leur rang sous des habits modestes, les couvent des yeux. Quelle différence avec leurs maris épuisés, aux membres frêles, à la virilité éteinte ! À l'instar de l'impératrice Messaline, les nobles dames courent Rome sous des vêtements d'emprunt, avides de se retremper dans de brutales amours.

Mais on s'écarte avec respect. Quelle est cette litière aux tentures de pourpre que portent de vigoureux esclaves éthiopiens ? C'est celle de l'affranchi Chrysippe ; il y a six mois, c'était encore un esclave et son dos garde la trace des lanières, mais son esprit subtil et rampant l'a servi ; son maître a su reconnaître ses bons services en tous genres : aujourd'hui, il est libre et riche à millions de sesterces. À ses côtés, Livia, la belle courtisane qui ruine jeunes et vieux, sénateurs et affranchis, est étendue nonchalamment sur

Charles Malato

des coussins de soie jonchés de roses. Elle est nue ; sa splendide impudeur émerge ainsi au milieu des fleurs. Des perles aux reflets étranges lui forment un diadème au-dessous duquel se déroulent ses longs cheveux noirs. Ses membres, que les bains de lait ont rendus d'une blancheur nacrée, sont encerclés dans de massifs anneaux d'or, seule parure qu'elle affectionne.

Les heures s'écoulent et le flot de peuple qui circule sur l'immense place n'est pas tari. C'est que la Rome impériale compte quatre millions d'habitants. Mais, tout à coup, un grand mouvement se fait dans cette multitude. Où court-on ? Les rues voisines dégorgent de nouveaux arrivants : on se presse, on se bouscule, on s'injurie ; des voix aigres de femmes dominent le tumulte ; des chars fendent la foule. On dépasse la statue en bronze de Néron, haute de cent vingt pieds et la vague humaine, grossie d'instant en instant, s'arrête aux portes d'un cirque immense : le Colysée.

Ce géant des cirques mesure seize cent quatre-vingt-un pieds de circonférence et cent cinquante-sept de hauteur. Cent mille spectateurs s'y engouffrent par de nombreux vomitoires : les quatre étages s'emplissent instantanément. En attendant que le spectacle commence, tous les yeux se fixent vers le *pulvinar*, emplacement auguste où s'élève la loge de l'empereur. César est là, pâle et distrait, un sourire cruel crispe ses lèvres. Autour de lui, veille une garde immobile de soldats germains aux longs cheveux blonds ruisselant sous leurs casques d'airain.

La salle : une houle humaine d'où s'élèvent murmures, rumeurs, vociférations ; un émergement de têtes et de bras, types de toutes sortes : l'Italien aux membres robustes, le Grec au fin profil, l'Africain basané, le Syrien au nez recourbé. En haut, surplombant les gradins, sous des loges tendues d'or et de pourpre, une fleur de noblesse : chevaliers, sénateurs, centurions, longues toges et armes étincelantes. Çà et là, d'idéales nudités tranchant par leur albâtre sur la rouge sombreur de la salle.

Le spectacle commence : sur l'arène défile une troupe d'hommes voués à la mort et qui, prosternés devant la loge impériale, entonnent le chœur lamentable des martyrs : « César, ceux qui vont mourir te saluent. » Ces hommes sont des chrétiens, des philosophes frondeurs, des esclaves rebelles : leur agonie

CHAPITRE III

distraira l'oisiveté du peuple-roi. D'une porte grillée, subitement entr'ouverte, s'échappent des lions aiguillonnés par le belluaire. La lumière les aveugle : un moment ils s'arrêtent, ils hésitent ; puis, d'un bond, les voilà sur leur proie vivante. Pendant quelques instants, ce n'est qu'un furieux tournoiement de poussière au milieu duquel apparaissent des corps d'hommes et de fauves mêlés dans un épouvantable embrassement. Cris d'agonie, imprécations, rugissements sonores, auxquels répondent, comme un tonnerre, les applaudissements de cent mille spectateurs. Puis, le nuage poudreux se déchire et laisse voir les lions tranquilles, accroupis sur l'arène, broyant lentement sous leurs puissantes mâchoires des cadavres informes.

Mais le belluaire paraît : de la pique et du fouet, il chasse dans leur souterrain les fauves grondant d'abandonner le repas commencé. Des valets tirent avec des crocs les débris humains et parsèment d'un sable frais l'arène embourbée de sang. Un nouveau spectacle s'apprête.

Des couples de gladiateurs font leur entrée par deux portes opposées, les uns coiffés d'un casque à visière demi-rabattue, armés d'une lourde épée à deux tranchants ; les autres nus jusqu'aux hanches, brandissant un trident de sept pieds et portant sur l'épaule un long filet garni, à son extrémité, de balles de plomb.

Les adversaires s'observent et s'élancent. Du premier coup, l'un d'eux, faisant tournoyer son filet, en enveloppe son ennemi et, prenant son élan, le traîne à toute vitesse sur l'arène. Des acclamations répétées saluent un coup si heureux ; César lui-même daigne sourire à l'habile combattant. En vain, le gladiateur prisonnier s'agite et s'efforce de couper, avec son épée, le réseau qui le détient. Par de brusques secousses, son adversaire l'étourdit, le lasse, lui fait perdre ses sens, puis, d'un bond, saute sur lui. Le vainqueur brandit son trident et, d'un regard rapide, interroge la multitude. Toutes les mains sont baissées, le pouce en dessous : geste charmant qui veut dire « à mort ! » Le trident s'enfonce dans la gorge du vaincu d'où jaillit un large filet de sang et, pendant que le mourant se convulse, la salle retentit de bravos.

Les autres couples continuent le combat, tantôt une épée trouant un filet et fendant un crâne, tantôt le filet ayant raison de l'épée.

Charles Malato

Et, à chaque victoire, le peuple d'applaudir, à chaque regard du vainqueur, de répondre par l'éternel coup de pouce : « à mort ! » Ce n'est que lorsqu'il ne reste plus sur l'arène que quelques rares combattants harassés, fumants de sueur, que les spectateurs, pris d'un soudain revirement, étendant la main, donnent de leur pouce levé en l'air un signal de paix.

Mais une troupe de marins envahit la scène. En un clin d'œil, les traces de lutte sont effacés : un sable noir mêlé de poudre d'or recouvre l'arène, une forêt artificielle s'élève comme par enchantement.

Une musique pénétrante et douce se fait entendre : une file d'hommes drapés de longues robes blanches et tenant à la main des lyres d'ivoire, s'avance lentement. Sur un rythme, grave d'abord puis plus précipité, qui étonne et trouble les sens, ils chantent une déesse qui préside à d'étranges amours. Puis, trois nains grotesquement accoutrés et munis de cymbales font leur apparition ! ils précèdent une troupe de danseuses tyriennes court-vêtues d'une gaze légère ; les musiciens s'effacent derrière elles et, pendant que lyres et cymbales accompagnent un air licencieux que le peuple répète en chœur, les danseuses s'élancent dans un tourbillonnement vertigineux. Les jupes voltigent, les chevelures se dénouent, des couples s'embrassent, s'entrelacent, fous d'une luxurieuse ivresse : Gomorrhe et Lesbos triomphent sur la scène aux applaudissements d'une multitude aussi blasée que cruelle, toujours avide de sensations violentes.

Mais le soleil couchant jette ses derniers feux. La longueur du spectacle a fatigué les assistants, énervés par des émotions diverses, savamment combinées ; les besoins physiques se font sentir, et pendant que les noctambules somnolent, bercés par d'érotiques visions, que les affamés mordent dans un fruit ou un gâteau, que matrones langoureuses et vieux patriciens caressent publiquement leurs pages et leurs mignons, le spectacle se termine par une splendide apothéose de chair nue. Dépouillées de leurs légers voiles, les danseuses apparaissent comme autant de Vénus et, tandis que les cymbales redoublent, que les lyres pincent des notes suraigües, une délirante pâmoison se communique à la foule.

Puis c'est la fin : le cirque immense vomit son flot. Les oisifs

CHAPITRE III

prennent le chemin du Forum, les marchands retournent à leurs officines, les patriciens à leurs palais ; les *parasites,* pauvres diables qui devront, à force de verve, gagner leur souper, vont rôder autour des riches demeures, pendant que débauchés, mignons et courtisanes, vont se préparer par un court repos aux orgies de la Rome nocturne.

Et maintenant ?

Maintenant les mœurs de la décadence latine revivent chez les vieilles nations européennes. « Occident pourri ! » murmurent parfois des Slaves en contemplant, songeurs, les boucheries tauromachiques, les luttes de la roulette, les courses de Longchamps et d'Epsom où trône le bookmaker [18], où le petit employé, sachant bien que le travail ne lui donnera jamais la fortune, risque ses économies, où des foules délirantes acclament ces glorieux vainqueurs, Bayard, Vasistas, Cœur-de-Lion.

Le cheval est devenu dieu ; cependant, chose étrange, dans ces multitudes idolâtrant un général pour la couleur de son coursier, [19] et faisant à un jockey [20] des funérailles nationales, on rencontre des moralistes érudits blâmant fort l'empereur Caligula d'avoir nommé son cheval consul.

On est devenu sentimental : la torture est abolie ; seuls, quelques savants réclament, dans l'intérêt de l'humanité, qu'on leur livre les criminels pour servir vivants à leurs doctes expériences. Les ennemis du pouvoir ne sont plus livrés aux lions : on se contente de les fusiller quand ce sont des prolétaires et de les envoyer en prison lorsque ce sont des bourgeois.

Les combats de gladiateurs ont disparu, mais l'âpre lutte pour la vie se déroule de toutes parts : le sang ne met plus que rarement sur les deuils satache malpropre ; la civilisation moderne, plus raffinée, tue lentement.

Ceux dont le bonheur est fait de milliers de misères, peuvent voir leurs victimes se débattre dans les spasmes d'une effroyable agonie : les jours sans pain, les nuits sans sommeil, les hivers sans feu, sans toit, sans vêtements, cela ne vaut-il pas les coups d'épée du cirque ?

Des journaux sélect, qui n'ont pas assez d'injures pour les révolutionnaires ennemis de la famille, publient, moyennant

Charles Malato

finance, des correspondances de ce genre :

« Jeune femme marié, étrangère, jolie, ayant des dettes, désire faire connaissance Monsieur riche, sérieux, qui aiderait, 40 à 60 ans. Écrire, etc. »

« Femme du monde, veuve 33 ans, distinguée, admirablement faite, ayant jeune fille très belle, demande ami riche, distingué, qui l'aide à faciliter carrière théâtrale à sa fille, appelée à succès beauté… »

Dans cette course au louis, les débris des vieilles familles ne sont pas les moins âpres :

« Monsieur français, 60 ans, très beau nom, noble, épouserait dame riche, reconnaîtrait enfant… »

« On sauverait vie jeune officier, noble, en lui prêtant 10,000 francs… »

La vanité dindonnière ne perd pas cette occasion de s'étaler :

« Qui peut faire obtenir à jeune homme, profession libérale, distinction honorifique ? »

« Un monsieur de vieille bourgeoisie, prie le comte de Saint-J… de reconstituer d'après documents qu'il lui a envoyés, son arbre généalogique… »

Les querelles des lesbiennes et les hauts faits des pédérastes sont célébrés en vers et en prose.

Voici un échantillon de la prose :

« La Goulue, ennuyée par la Môme Fromage. On nous en a raconté de bien drôles sur les relations de la Goulue et de la Môme Fromage. Il paraît que cette dernière est d'une jalousie féroce et qu'elle rend à la Goulue la vie absolument intolérable. Les choses ont pris un caractère si aigu que la Goulue tremble à un seul regard de la Môme et qu'elle n'ose plus regarder en face son ancienne amie, la brune Suzanne qui est pourtant une des plus gentilles fillettes de Montmartre. »

« Monsieur très joli, élégant, aimable, demande à homme du monde service urgent… » (Retour à la petite correspondance.)

Voici un échantillon des vers.

« Maquillé, pomponné, frisotté, veston court

CHAPITRE III

» Le pinçant ou les reins s'arrondissent en dôme,
» Joliet et blondin, tel un page de cour,
» Gontran est toujours prêt à partir pour Sodome. »

Les familles souveraines, parquées éternellement dans le même milieu, achèvent, dans des orgies princières, d'y vicier leur sang déjà si appauvri et, plus que toutes autres, sont la proie des maladies *fin de siècle*.

Les exploits d'un prince de Galles, dévirginant des filles de cinq ans, ont arraché un cri d'indignation au monde entier ; puis, ça été tout : le bagne n'est pas fait pour les classes-dirigeants. Le prince Frédéric-Charles, le plus brillant des généraux allemands, ivrogne comme Auguste II et pédéraste comme Frédéric le Grand, — vertus royales ! — est mort victime d'un drame conjugal qu'on s'est efforcé d'étouffer. En Bavière, la maison royale tout entière est folle. Après le mélomane Louis, qui faisait construire des théâtres et jouer des opéras pour lui seul, le démoniaque Othon qui marche à quatre pattes, hurlant et mordant comme un fauve !

En Autriche, un prince du sang perd sa raison dans des priapées qui coûtent la vie à des filles publiques. Le même, récemment marié, contraint sa femme à s'exhiber nue sur un divan de velours noir aux regards de ses amis. Un député qui élève la voix sur ce fait, est bâtonné par ordre du prince.

La morale officielle a proscrit les grandes orgies de chair, mais la prostitution est partout...

En haut, dans cette aristocratie dorée, vicieuse et névrosée qui achète des sensations à prix fou et n'a plus qu'un idéal, qu'un but : jouir.

En bas, dans cette masse misérable à laquelle une exploitation capitaliste effrénée ne laisse d'autre perspective que la prison pour les hommes et le lupanar pour les femmes... quand elles sont belles.

Au milieu, dans ce monde bourgeois pour qui la vie entière est une tenue de livres et qui, n'ayant qu'un principe de morale : bien vendre, vend avec sa conscience, le corps de ses femmes et de ses filles.

Autour, dans cette nuée d'irréguliers qui font le siège de la société : rastaquouères ou bohèmes, êtres aux appétits violents, aux passions

Charles Malato

fortes, à l'esprit aiguisé, qui, dans un autre milieu, pourraient devenir des héros ou des génies et qui, pris par l'engrenage funeste, dans ce monde où tout est à vendre, trafiquent de tout.

Et, d'ailleurs, qui pourrait affirmer que les exhibitions de bals et de féeries où des gazes transparentes, des maillots couleur chair accusent plus qu'ils ne les voilent les formes provocantes, sont plus chastes que les apothéoses romaines ?

Le déshabillé est plus savamment obscène que le nu ; la feuille de vigne est le chef-d'œuvre du jésuitisme sadique.

Chaque soir, alors que les lueurs du gaz et de l'électricité surgissent par milliers de l'ombre épaisse, pendant que des légions de rôdeuses affamées descendent des hauteurs de Montmartre et de Belleville, une foule joyeuse envahit l'Éden, le Moulin-Rouge ou le Jardin de Paris. Du Chat-Noir à Bullier, tous les restaurants de nuit sont pris d'assaut.

C'est le high-life qui s'amuse.

Soupeurs et soupeuses, hétaïres, mondaines en goguette, étudiants noceurs qui deviendront plus tard de graves magistrats, nobles pschutteux, rastaquouères, le monocle à l'œil, le gardénia à la boutonnière, vont se griser de la musique de Métra, en contemplant les ébats chorégraphiques de Nana-la-Sauterelle ou de Grille-d'Égout. Jambes en l'air, corsets dégrafés, flots de dentelles émergeant des jupes soulevées, écarts désordonnés, mimique superbe d'impudeur ; de temps en temps, l'amorce troublante d'une petite fleuriste de dix ans jetée aux Céladons blasés que les exploits du prince de Galles ont rendus rêveurs : quelle fin de règne pour la classe bourgeoise !

CHAPITRE IV
LE CHRISTIANISME ÉPISCOPAL ET LE CHRISTIANISME POPULAIRE. — LA BAGAUDIE

La première phase du christianisme, se déroulant en Judée, avait été révolutionnaire ; la seconde phase fut principalement théologique. Tout en continuant de fronder la société païenne et ses vices, les évêques se complurent à ergoter sur des textes douteux, à élucubrer des systèmes, à créer une hiérarchie. Les Églises, au début, groupes de propagandistes dévoués vivant dans la plus stricte égalité, devinrent ainsi des foyers d'intrigues et de folie contagieuse. Les mots de *pasteurs, diacres, évêques,* servant jadis à désigner de simples administrateurs des communautés, changèrent peu à peu de sens. L'aumône avait remplacé le communisme : il se produisit ce renversement que les aumônes furent, non plus distribuées, mais demandées au peuple. Nombre d'évêques et de diacres, s'attribuant les sommes destinées aux pauvres, prêtaient à usure ; d'autres erraient dans les provinces, non plus en obscurs propagandistes, mais en jouisseurs, étalant leur luxe et se faisant grassement entretenir par leurs coreligionnaires.

Fatalement, il arrivait que les deux sociétés — païenne et chrétienne — se pénétraient, déteignaient l'une sur l'autre : un commencement de fusion s'élabora. Le paganisme avait exalté jusqu'au délire le culte de la chair ; les premiers chrétiens, effrayés de ce débordement de sensualisme où menaçaient de sombrer l'intelligence et la dignité humaines, avaient, par esprit d'opposition, prêché la pudeur, la continence, l'indissolubilité du mariage ; les alliances avec les Gentils avaient été sévèrement proscrites. Ce rigorisme se relâcha ; les évêques, devenus des personnages [21], ne s'occupèrent plus que de bien vivre ; tandis que les idées d'égalité et de réforme sociale subsistaient encore dans la masse chrétienne, déjà les chefs de cette masse s'abandonnaient à leurs rêves d'ambition.

Ce recul dans les idées et dans les actes est un phénomène qui se produit aux approches des commotions sociales enfantées dans une lente évolution. L'étude incessante du but à atteindre et des moyens à employer a tué ou, tout au moins, amorti l'ardeur primitive ; le mouvement s'est élargi, mais a perdu de sa violence. Au XVIe siècle, la Réforme, démocratique au début, devint bientôt réactionnaire et aristocratique. Après un siècle de luttes et d'études, la plupart des socialistes, même révolutionnaires, d'aujourd'hui, sont plus modérés que Babœuf en 1796.

Au IIe siècle, les chefs de l'Église chrétienne nous apparaissent comme de simples réformistes, s'éloignant chaque jour davantage de toute lutte ouverte contre cette société romaine, qui broyait l'homme dans ses mille rouages. De plus en plus, on s'enfonça dans les ergotages métaphysiques, dans les subtilités d'écoles ;

Charles Malato

résultat : des disputes interminables. Toutes les sociétés secrètes ont eu leurs cérémonies d'initiation ; à la fin de notre XIXe siècle, la franc-maçonnerie ne s'est pas encore dépouillée de ses ridicules épreuves. Le baptême, considéré sous différents noms, par toute l'antiquité, comme un symbole de purification, devint le principal rite de la religion chrétienne. Il s'engagea, à propos du cérémonial à usiter, un litige dont l'évêque de Rome, Étienne, profita pour imposer sa suprématie à ses collègues (250).

Jusque-là, il n'y avait pas eu de papauté. Jean le baptiseur et Jésus, orateurs populaires, avaient, le premier avec violence, le second avec finesse, attaqué toute hiérarchie religieuse. Sous l'impulsion de Paul, des groupements de fidèles s'étaient organisés, mais cette organisation fut démocratique. Élus par le peuple, que l'on consultait dans toutes les affaires graves, les évêques n'eurent pendant longtemps qu'un rôle purement administratif. Peu à peu, ils élimineront l'élément plébéien ; les discussions théologiques leur servirent à merveille pour évincer une foule trop foncièrement matérialiste pour comprendre des abstractions. La métaphysique a toujours été l'ennemie redoutable qui, prenant toutes les formes, religieuse, philosophique, étatiste, a causé l'avortement des révoltes populaires en substituant un monde fictif au monde réel, en faisant lâcher la proie pour l'ombre.

La papauté devait mettre plusieurs siècles à se constituer et à ériger en droit immuable la simple déférence témoignée à l'Église fondée par Paul dans la capitale du monde. *Pappas,* dont on a fait pape, est en grec un mot affectueux répondant à notre *papa.* Décerné primitivement aux personnes âgées, puis aux évêques que l'on voulait honorer, ce ne fut qu'au IVe siècle qu'on l'appliqua d'une façon spéciale à l'évêque romain, tandis que, dans l'Église grecque, restée plus fidèle aux antiques coutumes, il continua d'être porté par les simples prêtres.

Que devenait le peuple au milieu de ces ambitieuses agitations du haut clergé ? Le peuple, opprimé par les Césars, pressuré par les gouverneurs de provinces, consolé quelquefois par d'humbles missionnaires ignorants des discussions théologiques ou par de nobles hérétiques qui s'efforçaient vainement de faire retrouver au christianisme sa voie primitive, le peuple devenait ce qu'il pouvait. Certes, il était facile de voir que, malgré ses triomphes prodigieux,

CHAPITRE IV

son apparente prospérité, l'empire romain commençait à se dissoudre, rongé par un chancre terrible : l'esclavage.

Des panégyristes ont fort vanté la *paix romaine,* mais cette paix était pire que la mort. Elle cessait, d'ailleurs, aux frontières, où les légions étaient incessamment tenues en haleine par des essaims de rebelles : Bretons, Germains, Sarmates, Daces, Parthes, Arabes, Africains. Ces barbares, qui avaient sous les yeux le triste sort des nations soumises, étaient décidés à tout plutôt qu'à subir une condition si misérable.

Le spectacle que présentait l'intérieur de l'empire, sous son voile de trompeuse félicité, était lamentable. Pour fournir à la gloire des Césars, à l'oisiveté du peuple-roi, à la multiplicité des fonctionnaires, à l'entretien des rouages de l'État, si complexes, si ingénieusement combinés, quel rendement colossal ne fallait-il pas ? L'industrie, dans son acception moderne, n'existait point ; Rome faisait venir, à grands frais, des pays éloignés, et principalement d'Orient, les objets de luxe : soieries, étoffes, pierres précieuses, ivoire, albâtre, porcelaine, ambre, aromates. Importation énorme, exportation nulle. L'agriculture, jadis si développée en Italie, n'existait plus. Ruinés par les anciennes guerres, saignés par le fisc, écrasés par les grands propriétaires fonciers dont les domaines égalaient des provinces, les petits cultivateurs avaient peu à peu disparu. Ceux qui ne pouvaient payer l'impôt, toujours plus écrasant, abandonnaient leur patrimoine à l'État ou se vendaient, esclaves volontaires ! Plus de classe moyenne, plus de colons libres. — Oh ! ce nom de colon, jadis allègrement porté par le laboureur, maître de sa personne et de son champ, il servira, pendant de longs siècles, à désigner le misérable des misérables, attaché à la glèbe, soumis, presque toujours, non à un homme accessible à la pitié, mais à ce maître impersonnel, l'État, aveugle et féroce, car il a sa mission fatale à accomplir. Plus rien qu'une poignée d'opulents patriciens et des populations d'esclaves travaillant et mourant sur les *latifundia.* De même, nous voyons aujourd'hui tous les demi-bourgeois, petits industriels ou commerçants, boutiquiers, agriculteurs, se débattre dans une formidable agonie, sous l'étreinte de leurs riches concurrents et, ruinés par le drainage des capitaux, tomber peu à peu dans le servage prolétarien.

L'analogie se poursuit : l'écrasement de la petite industrie par la

Charles Malato

grande a produit, de nos jours, la dépréciation de la main-d'œuvre et la mise en circulation d'objets médiocres. Dans la société romaine, la nécessité de fournir des bras à l'agriculture fit, plus que jamais, ériger en système la guerre qui, seule, pouvait procurer des esclaves. Ceux appartenant aux nations délicates, civilisées : Grecs, Syriens, Carthaginois, employés aux rudes travaux des champs, surmenés, accablés de mauvais traitements, fondirent. On les remplaça par d'autres esclaves, barbares arrachés à leurs forêts, qui ne surent qu'imiter lourdement les modèles laissés par leurs prédécesseurs. D'imitation en imitation, tous les objets qui demandaient quelque art et quelque goût devinrent de plus en plus grossiers.

Tout enchérit. Les soldats, obligés de payer leur nourriture et leur équipement sur une solde modique, pillèrent les provinces, firent et défirent les empereurs. Ceux-ci, à la fin, durent se charger de pourvoir à l'entretien de l'armée.

En Espagne, en Gaule, comme en Italie, la terre se tarit ; les cultures, abandonnées, devinrent des forêts. Par les travaux excessifs infligés aux esclaves, la fuite de ceux qui voulaient soustraire un lambeau de fortune à la rapacité de l'État, le refus des malheureux de procréer des êtres voués à la misère, la dépopulation fut effrayante. Des pénalités furent édictées contre les célibataires : rien n'y fit.

Les historiens ont chanté les bienfaits de la conquête romaine en Gaule. Grâce à elle, le sol fut défriché, des voies relièrent des provinces, des écoles s'ouvrirent : oui, mais la condition du peuple devint épouvantable. L'ancienne société celtique, où un lien de solidarité unissait tous les membres du même clan, dut disparaître. Sous la tutelle sévère de l'administration romaine, un immense réseau enveloppa la Gaule, emprisonnant dans ses mailles d'acier, chasseurs, pâtres, laboureurs, artisans, riverains, fixant à la terre ces nomades indépendants : commencement du servage de la glèbe. Le vaincu fut, non pas accablé, mais dévoré vivant par les impôts : capitation terrienne, capitation humaine, droit sur les successions, taxe commerciale, taxe sur les marchés, taxe sur le sel, tribut militaire, prestations en nature, corvée. Les municipalités, chargées à leurs frais et sous leur responsabilité du recouvrement des impôts, devinrent des rouages du gouvernement impérial, destinés à broyer les populations pour en extraire jusqu'à

CHAPITRE IV

la dernière goutte de sang. Les curiales, magistrats de la cité, les seuls qui, au milieu de l'appauvrissement général, eussent conservé un patrimoine, furent déclarés les *esclaves* de l'État, répondant personnellement du déficit ; la loi, devant leur résistance, dut les attacher de force à leur chaise curiale. Tel fut ce régime municipal si admiré par nos modernes communalistes. Combien ne voyons-nous pas aujourd'hui de républicains et même de socialistes sacrifier sans hésitation l'individu, cet être réel vivant, pensant, souffrant, à cet être fictif : la Commune ou l'État.

Aucune institution locale ne fut laissée debout par les vainqueurs. Partout, Rome apparut avec ses dieux, ses lois et ses fonctionnaires. Le grammairien remplaça le druide, le rhéteur vint chasser le barde.

Même oppression pesa sur l'Espagne et les Îles-Britanniques, réunies administrativement à la Gaule sous l'autorité du préfet du prétoire, siégeant à Trèves. Et, derrière les préfets, vicaires [22] et gouverneurs, pullulait un monde chamarré de scribes, comptables, employés, grassement entretenus par les provinces.

Rome avait porté à un degré inouï l'omnipotence de l'État. Les républicains de la veille, par une trahison habituelle aux partis d'opposition, contribuèrent plus que tous autres à accroître cette tyrannie. Les philosophes et surtout les stoïciens, ancêtres de nos modernes jacobins, avaient constamment, sous les Césars, formé une secte parallèle au christianisme, battant en brèche le pouvoir. Esprits froids et méthodiques, sectaires sans enthousiasme, ils affichaient le culte de la république ; beaucoup célébraient le jour de la naissance de Brutus et de Cassius. Cette attitude dura jusque sous Nerva et Adrien. Ces empereurs les ayant appelés auprès d'eux, toute leur hostilité fondit. Très versés dans cette pédantesque science du droit, faite de formules et d'axiomes, ils s'emparèrent de la direction civile et administrative ; leur rigorisme se retourna contre la masse, plus misérable sous ce despotisme réglementé que lorsqu'elle était livrée à l'arbitraire d'un Néron.

Ces irréconciliables de la veille posèrent en principe que le peuple avait concédé par une loi tous ses droits, tous ses pouvoirs à l'empereur. En vertu de cette fiction, tout ce qui plut à César eut force de loi. C'est ainsi que l'on enchaîne les hommes au nom d'un contrat social qu'ils n'ont ni consenti ni même connu.

Sous Claude, le titre de citoyens romains avait été donné aux Gaulois ; sous Caracalla (211), il fut étendu à tous les habitants de l'empire, mais cette faveur, jadis si enviée, était devenue dérisoire depuis que le citoyen romain se trouvait, corps et biens, la propriété de l'empereur : ce n'était que la régularisation officielle de la servitude.

Ainsi grandissaient en même temps la misère, la dépopulation et la tyrannie centralisatrice. Épouvanté de la décadence de l'industrie, Adrien avait rétabli les hétairies, corporations d'arts et de métiers, supprimées par son prédécesseur, comme suspectes d'opposition au pouvoir. Mais là, comme partout, la lourde tutelle de l'État étouffait toute initiative, toute vie. Le même empereur avait fait brûler à Rome les registres de ce qui était dû au fisc depuis seize années. Belle largesse ! le peuple était hors d'état de payer et les rapines enlevées à l'extérieur servaient à combler le déficit.

Vers la fin du deuxième siècle [23], le christianisme, franchissant les Alpes, apparut en Gaule. Il se propagea assez rapidement dans la plèbe : les artisans, les cultivateurs ruinés, les esclaves l'embrassèrent y voyant, les uns une consolation à leurs maux dans un monde meilleur, les autres une rédemption dans cette vie même : ces derniers étaient de beaucoup les plus nombreux. Plus tard, le christianisme fut adopté par les philosophes, plus tard encore par des politiciens ambitieux, mais son début dans la Gaule fut purement démocratique et révolutionnaire.

La meilleure preuve, c'est que l'éclectique Marc-Aurèle, qui avait assis avec lui la philosophie sur le trône, qui protégeait indifféremment disciples de Platon, d'Épicure ou d'Épictète, qui eut pour toutes les religions une déférence sans bornes, persécuta violemment le christianisme. Dans la région du sud qui, étant une des plus malheureuses, avait accueilli favorablement une doctrine évoquant les idées d'égalité naturelle entre les hommes, le sang ruissela. À Lyon, Vienne, Autun, des atrocités furent commises au nom de l'ordre, du gouvernement et de la religion officielle. Tandis que la terreur multipliait les délations, le courage des martyrs fut presque partout admirable.

Toujours l'autorité a voulu étaler publiquement ses sanglantes

CHAPITRE IV

répressions afin de frapper les masses d'un salutaire effroi. Les cirques devinrent la grande arène du courage chrétien. On broya, on brûla, on pendit les condamnés, on les livra aux bêtes féroces sous les yeux d'une multitude plus féroce encore, avide de spectacles et se pâmant en prostituée devant la force parce qu'elle est incapable de comprendre l'idée. Cette foule n'est-elle pas la même à travers les âges, battant des mains aux autodafés, à la Saint-Barthélémy, aux Dragonnades, aux massacres de communards, jetant sa bave aux éternels insurgés de la religion, de la philosophie ou de l'ordre social, se moquant du nom de l'hérétique pourvu qu'il y ait un bûcher allumé ? Ô atavisme que les siècles n'ont pu éteindre et qui atteste, mieux que toutes les démonstrations scientifiques, la descendance animale de l'homme !

Les gourmets purent se griser de sang : pour les distraire, on fit subir tous les genres de torture à une jeune esclave, Blandine, dont le nom est resté populaire. Un autre condamné, Attale, fut exposé dans l'amphithéâtre sur une chaise de fer rougie au feu. Eusèbe, dans son *Histoire ecclésiastique,* rapporte que le martyr se tordant au milieu de ces souffrances inouïes, lança aux spectateurs cette rude apostrophe : « Peuple ! ce n'est point à nous qu'il faut imputer le crime de manger des hommes ; c'est bien plutôt à toi qu'on peut reprocher celui de les faire rôtir. »

Car la crédulité idiote allait jusqu'à attribuer aux chrétiens des goûts de cannibales. Tandis que des évêques apeurés s'efforçaient de désarmer les persécuteurs en prêchant soumission et humilité, le côté révolutionnaire de la nouvelle doctrine n'avait échappé ni au gouvernement ni aux masses. Sous les perfides insinuations des conservateurs, qui se plurent à attribuer aux chrétiens chaque crime commis, — n'est-ce pas la tactique habituelle des classes privilégiées ? — on se représenta ces hommes comme des êtres monstrueux, doués d'une puissance surnaturelle, sans cesse altérés de meurtres, ravissant de jeunes enfants pour les sacrifier à leur dieu et les dévorer eux-mêmes au milieu d'orgies farouches.

Un renégat de la Libre-Pensée, le sieur Gabriel Jogand-Pagès (dit Léo Taxil), avant son incarnation en défenseur du trône et de l'autel, a résumé ainsi, en bourgeois satisfait, l'histoire du christianisme :

« On ignore absolument le nom des premiers pasteurs qui

gouvernèrent dans l'obscurité, à Rome, l'infime troupeau des chrétiens. Ceux qui soutiennent que saint Pierre fut le premier évêque de Rome n'ont lu que les œuvres de sainte Thérèse et de la bienheureuse Marie Alacoque. Qu'ils lisent la première épître de saint Paul aux Corinthiens ; ils verront que, dans la primitive Église, il n'y avait point de dignités ecclésiastiques.

» Cette secte inconnue ou méprisée s'étendait insensiblement. En prêchant le partage des biens, les apôtres et leurs successeurs s'adressaient à tous les instincts de fainéantise et d'avidité. À cette époque, le peuple croupissait dans l'ignorance ; il ne savait pas que la raison, le temps, la bonne politique et surtout la science peuvent seuls résoudre en faveur des déshérités de la nature la grande question sociale.

» Tout le monde des malheureux examina la nouvelle doctrine. Les uns, les honnêtes gens, virent dans les apôtres des charlatans comme on en voit malheureusement trop et, méprisant leurs prédications séditieuses, ils pensèrent que le travail, la plus belle des prières, était le meilleur moyen d'améliorer leur sort. Quant aux malhonnêtes, quant aux fainéants, quant à la crapule, tout ce monde adopta avec enthousiasme la religion chrétienne.

» Or, comme la canaille n'a rien à perdre et a tout à gagner dans les troubles, nos premiers cléricaux ne manquèrent point d'en susciter. Les chefs de gouvernements, républiques, royaumes ou empires, s'empressèrent dès lors de sévir contre les plus turbulents d'entre les chrétiens. Ils firent bien ; mais aussitôt la secte de crier à l'oppression.

» Elle se réunit, ses membres s'encouragent, les têtes s'échauffent, l'enthousiasme fait des prosélytes nouveaux, la secte devient redoutable à ses maîtres...... (*Calotte et Calotins*, par Léo Taxil, tome I, 1ʳᵉ partie, p. 176.) »

On croit entendre M. Prudhomme déblatérant contre le socialisme. Cette appréciation d'un tel individu, — le clérical vaut le bourgeois voltairien — est un hommage rendu aux tendances égalitaires du christianisme naissant.

Ainsi, malgré l'ambition ou la lâcheté des chefs, malgré le mélange des superstitions locales, s'entant de jour en jour sur la doctrine apostolique, celle-ci conservait un fonds révolutionnaire qui la rendait redoutable aux despotes. À côté des formules mystiques, le mot magique d'égalité, démentant les idées d'obédience et de résignation, allait droit au cœur des foules qui, enivrées, enveloppaient le christianisme d'un souffle de foi brûlante. De là, vint toute sa force pendant si longtemps.

On peut considérer la fin du deuxième siècle et la plus grande partie du troisième comme la période la plus orageuse pour les chrétiens d'Europe. À partir de Marc-Aurèle, il y eut, à Rome, des persécutions qui atteignirent leur maximum de violence sous Dèce : les catacombes abritèrent de nombreux fugitifs.

Les historiens sacrés se sont complus à nous représenter les premiers adeptes de la nouvelle religion se rassemblant dans ces sombres retraites pour y entendre les prédications de leurs pasteurs et y célébrer leurs rites de plus en plus nombreux, — chaque mouvement révolutionnaire n'a-t-il pas sa partie décorative ? Mais tous les sectateurs ne s'en tenaient pas là ; en dépit de la pusillanimité des évêques romains, la lutte entre les deux mondes, païen et chrétien, se manifestait fréquemment d'une façon moins platonique. La force, cette éternelle *accoucheuse des sociétés,* selon l'expression de Karl Marx, se mettait de la partie. Le serf auquel une voix inconnue criait : « Tu es un être raisonnable, l'égal de ton maître, fils d'un même Dieu », n'était-il pas induit à conclure : « Pas d'égalité sans liberté ? » De là à la révolte, il n'y avait qu'un pas : beaucoup le franchissaient. Esclaves fugitifs, maraudeurs brigands, rebelles trouvaient un asile dans la Rome souterraine, transformée ainsi en foyer insurrectionnel.

Les révolutionnaires mystiques des dix-huitième et dix-neuvième siècles, les carbonari qui, réunis dans des souterrains, voilaient sous des formes allégoriques leurs conspirations en faveur de l'indépendance, reproduisaient plus ou moins consciemment les actes de leurs ancêtres, les chrétiens des premiers siècles. Question d'atavisme, sans doute, plus encore que de pastichage. Sans être un éternel recommencement, l'histoire n'en offre pas moins, à travers les changements d'époques et de milieux, des situations analogues, on pourrait dire parallèles.

Nous approchons de l'événement qui fut, en Europe, la plus forte manifestation du christianisme communiste et populaire : la

Charles Malato

Bagaudie.

La situation de l'Espagne et de la Gaule était lamentable. De plus en plus, les cités se dépeuplaient, les champs restaient déserts, le soldat, abandonnant ses drapeaux, retournait à son métier naturel, le brigandage ; les routes devenaient moins sûres que des forêts. Et, conséquence naturelle, à mesure que grandissaient la misère et le mécontentement, la nouvelle croyance étendait ses racines. Les violentes persécutions la servaient en attirant l'attention sur ses doctrines et ses adhérents. Petits artisans, cultivateurs ruinés, esclaves mettaient toute espérance en un Évangile qui leur criait par des milliers de propagandistes : « égalité ! rédemption ! » Que leur importaient, à ceux-là, les subtilités théologiques ! Mieux que les ergoteurs de Grèce, ils comprirent que leur salut était en ce monde et qu'ils devaient se sauver eux-mêmes.

Sous Commode, un peuple d'affamés se souleva en Espagne et en Gaule à la voix du soldat Maternus. Cette rébellion, ébauche de celle qui, un siècle plus tard, mit debout les prolétaires gaulois, eut un caractère social, bien plus que politique ou religieux. Elle compta évidemment des païens et des chrétiens ; les idées étaient confuses, les uns, les chefs, agissant par ambition et pour leur propre compte ; d'autres, écrasés par l'oppression, voulant un changement quel qu'il fût ; bon nombre, enfin, ayant des aspirations nettement communistes, — le communisme n'est-il pas, d'ailleurs, entretenu par la vie des camps ?

Aux paysans qui, à bout de misères, désertaient la charrue, se joignaient des soldats désertant leurs drapeaux. Les révoltes militaires qui, tant de fois, bouleversèrent l'empire romain, ont, en général, été étudiées à un point de vue par trop conventionnel. On n'a pas assez recherché quelle dose de besoins matériels à satisfaire entrait dans ces rébellions ; on s'est représenté l'armée plus étrangère qu'elle ne l'était au milieu social dans lequel elle vivait, ayant érigé l'émeute en passe-temps, faisant et défaisant les souverains au gré de son humeur capricante. Il n'en fut pas ainsi : par suite de l'enchérissement de tous les objets, la solde des légionnaires, obligés pendant longtemps de se nourrir et de s'équiper eux-mêmes, était devenue insuffisante. La plus grossière chaussure valait vingt-deux francs cinquante centimes de notre monnaie, un poulet treize francs, la livre de viande près de trois

CHAPITRE IV

francs. « C'est à dix as par jour, s'écrient dans Tacite les soldats révoltés, qu'on estime notre vie ; c'est là-dessus qu'il faut s'acheter des habits, des armes, des tentes, payer les congés qu'on obtient et fléchir la rigueur barbare du centurion. » Le soldat, voyant toutes réclamations inutiles, fut amené à recourir au suprême moyen, la révolte, et, dans cette voie, il donna l'exemple aux populations.

L'entrée de nouveaux éléments avait, d'ailleurs, entièrement transformé les armées romaines et détruit leur homogénéité ! D'un côté, elles étaient, à partir d'Auguste, devenues permanentes et mises, autant que possible, hors de contact avec les civils. Ne fallait-il pas que l'empire, nouvellement instauré sur les ruines de la république, pût trouver des hommes d'une obéissance aveugle, n'ayant aucun intérêt commun avec leurs concitoyens ? On fut soldat pour la vie et, alors même que l'homme, rompu par l'âge et les fatigues, était devenu impropre au service actif, il dut continuer à habiter hors de la ville, dans des cantonnements où vivaient les familles des vétérans, formant tout un peuple soumis à une discipline et à des règlements militaires. Ces vétérans, abêtis par une longue habitude de l'obéissance, ne connaissaient que l'empereur. Pour satisfaire un de ses caprices, ils eussent mis l'univers à feu et à sang [24].

D'un autre côté, on recrutait chez les nations barbares, Germains, Thraces, Goths, un nombre de plus en plus grand d'auxiliaires qui, par leur contact, contribuèrent à altérer profondément les mœurs de l'empire. Ce fut ainsi, du reste, que commença cette invasion des races septentrionales qui, jointe aux progrès du christianisme, renversa la société romaine. On comprendra que les conflits dussent être fréquents entre des éléments aussi disparates.

L'armée de Maternus, composée de soldats déserteurs, de laboureurs et d'esclaves fugitifs, ne put soutenir la lutte. Elle fut écrasée, son chef pris et mis à mort. La Gaule et l'Espagne, qui avaient, un moment, tressailli d'espérance, retombèrent sous le joug.

La révolte vaincue, ses idées ne s'éteignirent pas. Le christianisme, qui se propageait de plus en plus, leur communiqua une nouvelle force : le siècle suivant allait voir la grande épopée bagaude qui fut, en Europe, le pendant de la lutte soutenue par les Juifs contre la toute-puissance des Césars.

Le cercle de la propagande s'élargissait de plus en plus, semblable à ces ondulations sans fin que produit dans un étang la chute d'une pierre. Quelques admirables orateurs émergeaient de la foule des théologiens incolores ; parmi eux, Tertullien qui, dans son *Apologétique,* démontra la supériorité de la morale nouvelle et, tout en sapant par le ridicule les vieilles croyances polythéistes, défendit les chrétiens d'être des factieux à main armée : « On nous accuse de lèse-majesté, écrit-il, on nous fait un crime de ne pas honorer les empereurs par des sacrifices : nous n'offrons point de victimes, mais nous prions le seul Dieu véritable, éternel, pour le salut des empereurs...... C'est à ce Dieu que nous adressons nos prières, les mains levées vers le ciel parce qu'elles sont pures, la tête nue parce que nous n'avons à rougir de rien, sans ministre qui nous dicte les paroles que nous devons prononcer parce que c'est le cœur qui prie. C'est à ce Dieu que nous demandons pour tous les empereurs une vie longue, un règne tranquille, la sûreté dans leur palais, la valeur dans les armées, la fidélité dans le sénat, la vertu dans le peuple, enfin tout ce que peut souhaiter un homme et un empereur. »

Ainsi les arrière-disciples de Juda le Gaulonite, de Jean le Baptiseur et du pacifique anarchiste Jésus en étaient arrivés à ce point de soumission ! La ruine de l'empire, qu'appelaient avec tant de ferveur leurs ancêtres, champions de la justice et de la liberté humaine, les épouvantait, car, après, c'était l'inconnu et, dans cet inconnu, le flot montant des invasions barbares commençait à s'agiter. Aussi, Tertullien, ajoute-t-il :

« Nous avons, d'ailleurs, une raison toute particulière de prier pour les empereurs et même pour l'empire romain tout entier, c'est que nous savons que la fin du monde, avec les calamités affreuses qui doivent en être les avant-coureurs, n'est retardée que par le maintien de l'empire romain. En priant Dieu de nous épargner le spectacle de cette catastrophe, nous demandons, par conséquent, que la durée de l'empire soit prolongée... Nous respectons dans les empereurs le jugement de Dieu qui les a établis pour gouverner les peuples. Nous savons qu'ils tiennent de la volonté de Dieu le pouvoir dont ils sont investis ; nous demandons la conservation de ce que Dieu même a voulu, et c'est pour nous

CHAPITRE IV

un grand serment.

» Je n'appellerai point l'empereur du nom de Dieu, tant parce que je ne sais point mentir que parce que je le respecte trop pour me moquer de lui ou que lui-même doit s'offenser de ce nom.

» S'il nous est ordonné d'aimer nos ennemis, qui pourrions-nous haïr ? S'il nous est défendu de nous venger de ceux qui nous offensent, qui pourrions-nous offenser ? Combien de fois n'avez-vous pas exercé des cruautés contre nous pour satisfaire votre haine ou obéir aux lois ? Combien de fois, sans attendre vos ordres, la foule prévenue contre nous ne nous a-t-elle pas assommés à coups de pierres et n'a-t-elle pas incendié nos demeures ? Dans le délire des bacchanales, on n'épargne même pas nos morts ; on viole le repos de la tombe pour en arracher les cadavres chrétiens quoique déjà méconnaissables et décomposés, pour les mettre en pièces et en traîner les débris par les rues. Qu'avons-nous fait pour nous venger de cet acharnement qui nous poursuit au-delà du tombeau ? Une seule nuit, avec quelques torches, c'en serait assez ; mais à Dieu ne plaise qu'une religion divine ait recours au feu humain pour se venger ou qu'elle se laisse abattre par des épreuves qui servent à en établir la vérité ! Si nous voulions vous faire une guerre ouverte, manquerions-nous de forces et de troupes ? Les Maures, les Marcomans, les Parthes et quelque nation que ce soit, circonscrite après tout dans ses limites, est-elle plus nombreuse qu'une nation qui n'en a d'autres que l'univers ? Nous ne sommes que d'hier et, déjà, nous remplissons vos cités, vos châteaux, vos municipes, vos conseils, vos campagnes, vos tribus, vos décuries, le palais, le sénat, le Forum ; nous ne vous laissons que vos temples. Ne serions-nous pas bien propres à la guerre, même à forces inégales, nous qui ne craignons pas la mort, si ce n'était une de nos maximes de la souffrir plutôt que de la donner ? Sans même recourir aux armes, il suffirait, pour nous venger, de vous abandonner en nous retirant hors de l'empire : vous seriez épouvantés de votre solitude [25]. »

Le même Tertullien, évêque de Carthage, s'élevait contre les prétentions de l'évêque de Rome, l'appelait dérisoirement *Pape bénit* et tonnait contre les fidèles qui, effrayés des persécutions, reniaient leur foi ou rendaient les honneurs divins aux images de l'empereur.

Charles Malato

Mais, en dépit de cette austérité poussée jusqu'à l'absurde [26], combien le christianisme ne s'était-il pas éloigné de sa voie initiale ! Tertullien avait beau déclarer : « Tout est commun entre nous, hormis nos femmes, » déjà cette communauté des biens n'existait plus. Quant à cette négation de toute autorité humaine qui avait fait la gloire des premiers novateurs, on n'en découvrait plus trace. Malgré les efforts de quelques esprits effrayés de voir où l'on allait, on s'abîmait de plus en plus dans la théologie, les querelles se multipliaient : nazaréens [27], gnostiques [28], théodosiens [29], montanistes [30], novatiens [31]emplissaient les églises du bruit de leurs disputes.

La philosophie pure, privée du secours de la science expérimentale et réduite à bâtir sur des hypothèses, ne pouvait donner mieux. Elle était condamnée à s'égarer dans un dédale sans issue et à y errer captive jusqu'au jour où une main audacieuse oserait jeter bas les murs du labyrinthe. Enseignement légué aux réformateurs de l'avenir qui, livrés aux spéculations abstraites, perdent de vue le monde réel et, partis de la liberté de penser, arrivent à reconstituer un dogme d'autant plus autoritaire qu'il s'appuie non plus sur la force brutale mais sur la foi. La tyrannie des cerveaux est la pire de toutes.

Mais, pendant qu'un vent de folie souffle sur les têtes, le cyclone se forme qui, en un siècle, va balayer le vieux monde. Les Barbares, mal à l'aise dans leurs solitudes, ont, depuis longtemps, les yeux fixés sur l'empire comme sur une riche proie. Alors que les métaphysiciens ergotent, les plus politiques des chrétiens s'efforcent de scruter l'avenir. Quel sera le rôle historique de ces peuples ? Deviendront-ils l'armée formidable qui, à la voix des évêques, détruira la société païenne ? Peut-être, mais ils sont encore bien éloignés ; le plus sage est de commencer à leur envoyer des missionnaires et de voir venir les événements tout en servant l'empereur.

César Gallien a fort à faire. Les Perses mettent l'Asie à feu et à sang : les Goths fondent comme un torrent sur l'Europe orientale et s'emparent de la Dacie qu'ils garderont désormais ; l'Égypte se soulève, — ô merveille ! — pour venger le meurtre d'un esclave tué par un soldat, et c'est maison par maison qu'il faut reconquérir Alexandrie. Aussi, entendez les lamentations des marchands : « Quoi ! plus de lin d'Égypte ? plus de fleur de nitre ? » — Et plus

CHAPITRE IV

de blé, car, après l'Afrique, voici la Sicile qui s'insurge : des bandes d'esclaves battent le littoral, incendient les villes et, poursuivies, se retirent dans les montagnes d'où elles narguent les légionnaires.

À l'Occident, même gâchis ; les hordes germaines harcèlent les provinces gauloises, de plus en plus écrasées entre les maîtres cruellement civilisés et les pillards d'Outre-Rhin. En l'an 267, le passage est forcé : un flot de barbares se répand sur la Gaule, l'Espagne, et va se perdre sur le littoral africain. D'autres vagues suivront celle-là et, mordant les digues du monde romain, les arracheront une à une jusqu'au jour de la grande inondation qui couvrira tout.

Chaque grand mouvement a ses prodromes, sa résultante et ses dernières oscillations. Dans un avenir peu éloigné, peut-être pourra-t-on calculer mathématiquement les lois de la dynamique sociale.

Sous prétexte de défendre la Gaule, les généraux se disputent la pourpre : un fantôme d'empire est proclamé. Posthumius, Lœlianus, Lollian, Victorin, Marius, Tétric ne font que passer, laissant, après un semblant d'indépendance la vieille terre des Celtes ravagée et plus assujettie que jamais aux Romains.

Mais il est bien rare qu'une transformation politique de quelque importance n'engendre pas un mouvement plus profond dans les masses populaires. On a pu vérifier ce fait, en France, depuis le commencement de ce siècle, que toutes les révolutions politiques ont été suivies, à brève échéance, d'une ébauche de révolution sociale [32].

L'explication de ce phénomène est toute simple : le prolétaire qui, au début, a salué et souvent aidé de ses efforts un changement gouvernemental, pensant en retirer plus de bien-être et de liberté, ne tarde pas à se trouver déçu ; son mécontentement croît alors en proportion de ses espérances primitives : de là à une lutte ouverte contre le nouveau régime, il n'y a qu'un pas, rapidement franchi pour peu que l'avènement du récent pouvoir donne lieu à des complications économiques.

Les ambitieux qui se proclamèrent empereurs de la Gaule ne firent absolument rien pour le paysan ; chefs militaires avant tout, ils ne virent pas plus loin que l'armée au milieu de laquelle ils vivaient et qui, seule, leur semblait à même de les maintenir au pinacle. Quant à l'esclavage, il était trop profondément entré dans les mœurs pour qu'ils songeassent seulement à l'atténuer.

Paysans et esclaves durent donc aviser à s'émanciper eux-mêmes. De là, le double caractère de cette lutte contre Rome : lutte politique chez les chefs, profondément sociale, au contraire, chez la plèbe. Mieux que les forfanteries d'un Marius ou d'un Victorin, les paysans armés de fourches et de faux firent trembler les dominateurs.

Bagad, dans le vieux langage celtique, veut dire *bande armée.* Les rebelles qui s'intitulaient les *Bagaudes* étaient, pour la plupart, des cultivateurs ruinés ou des esclaves très celtiques de mœurs et chrétiens d'opinions, ce qui s'accordait assez car, en maints endroits, le christianisme avait été salué comme un réveil du druidisme. C'était donc, en même temps qu'une révolution profondément sociale, l'ancien fonds gaulois luttant contre le romanisme.

Ils s'éveillèrent tout de bon sous Tétric et leur premier élan fut formidable : ils emportèrent Autun. Cette ville, la plus remarquable des Gaules, possédait des aqueducs, des thermes, des édifices magnifiques. La colère des Bagaudes n'épargna rien : chrétiens, ils détruisirent les temples des dieux ; plébéiens, ils jetèrent bas les écoles d'où sortaient ces fonctionnaires insatiables, sangsues attachées à leurs flancs ; esclaves, ils brûlèrent les palais. Et ces flammes vengeresses furent un signal : d'un bout à l'autre de la Gaule, les villes s'embrasèrent ; un hurlement d'épouvante s'éleva jusqu'aux Alpes.

Tétric, sénateur, qui avait acquis la pourpre par ses fourberies (on était las des turbulences de l'élément militaire) trembla de se voir débordé par la plèbe. Dès ce moment, il n'eut plus qu'une pensée, livrer la Gaule à César en se faisant payer sa trahison le plus grassement possible.

Le César régnant était Claude II, général de premier ordre, prompt à concevoir et à exécuter. Son élection en remplacement de l'efféminé Gallien sauva l'empire qui, pris entre les Bagaudes, les Germains et les Goths, craquait et semblait sur le point de s'effondrer. Pendant qu'un vent de liberté remplissait la Gaule, que remparts et villes s'écroulaient sous le pic et la torche, trois cent vingt mille barbares, sur l'autre flanc de l'Italie, faisaient trembler

CHAPITRE IV

les maîtres du monde.

Claude courut au plus pressé. Il négocia sous main avec Tétric et s'élança contre les Goths qui ravageaient le nord de la Grèce. En une année, il extermina ces multitudes sans cohésion. « Les fleuves sont couverts de boucliers, écrivit-il au Sénat, les rivages de lances et les campagnes d'ossements ; nous avons capturé tant de femmes que chaque soldat en a, pour sa part, deux ou trois. » Ces formidables hécatombes engendrèrent la peste qui emporta le vainqueur.

C'était un répit pour les insurgés de Gaule, que Tétric, en qui s'incarnait plus que jamais le parti *de l'ordre*, s'efforçait d'ailleurs de rendre inoffensifs. Tels qu'ils étaient, le nouveau César, Aurélien, les jugea encore redoutables. Après avoir vaincu presque sans combat son rival pour rire qui, au moment de l'action, passa dans le camp romain, il crut plus politique de traiter avec eux que de les exaspérer : remise de l'arriéré des impôts et amnistie générale, telles furent les deux grandes clauses, moyennant lesquelles se rétablirent la paix et la domination romaine. Les Bagaudes ne s'obstinèrent pas à la reconstitution d'un empire gaulois peu viable. Que leur importait ! y eussent-ils gagné plus d'indépendance vraie ? Ils ressentaient par eux-mêmes, ces ancêtres des Jacques et des modernes communistes, que la forme politique importe moins à la masse que le bien-être matériel.

Ainsi se termina la première bagaudie, la seconde si l'on y rattache la révolte de Maternus. Si les insurgés commirent cette faute, tant de fois répétée au cours de l'histoire, de se laisser endormir par des chefs ambitieux ou perfides, du moins, ils surent en imposer au vainqueur et le forcer à des concessions. La révolte ne demeura pas absolument sans résultats.

Le calme, du reste, ne fut pas de longue durée. De plus en plus, le nord déversait sur les provinces romaines des flots de barbares. Et les habitants, broyés entre les anciens maîtres et les conquérants nouveaux, se tordaient dans une agonie épouvantable. C'est ainsi que s'opérait une fusion des races, qui devait infiltrer dans les veines appauvries un sang nouveau et constituer, sur les ruines de l'empire auguste, l'Europe féodale.

Des forêts germaines, des marécages baltiques sortaient, non pas des armées, mais des peuples entiers. Guerriers aux armes primitives, vêtus de peaux de bêtes, puant la graisse et l'huile rance, femmes aux haillons malpropres, enfants nus et crasseux, chefs, prêtres, valkyries, esclaves, également sauvages et dépenaillés, le tout cheminant à pied, à cheval, dans des chariots attelés de bœufs. C'était un exode du monde gothique allant se heurter au monde romain.

Sous Probus, quatre nations franchirent le Rhin et s'installèrent en Gaule dans soixante-dix villes. Les habitants laissèrent faire : ces maîtres-là ou d'autres, que leur importait ! Et lorsque l'empereur accourut refouler l'invasion, ils ne bougèrent pas davantage. Au fond, Probus leur sut gré de cette neutralité, — pouvait-on leur demander plus — et, pour les en récompenser, leur permit la culture de la vigne.

Neuf années se passent. Le duel émouvant se poursuit ; de temps en temps, un empereur disparaît de la scène. Les ambitions et les mécontentements font la vie courte aux pasteurs d'hommes. Tout à coup, la bagaudie se réveille, plus vivante que jamais : Dioclétien a cru arrêter la décadence impériale par des lois, et ces lois, qui multiplient les gouverneurs, les magistrats, les employés, qui écrasent de plus en plus l'individu sous le despotisme de l'État, engendrent la révolte. Rome avachie murmure, l'Égypte frondeuse se mutine, la Gaule plébéienne se lève.

De nouveau, le *coq rouge* déploie ses ailes et, mille ans avant les Jacques, couvre la vieille terre de Vercingétorix. Villes et campagnes s'agitent, s'insurgent : de la Seine au Rhône, d'Amiens à Arles, de Trêves à Marseille, l'ennemi héréditaire est encore une fois, attaqué.

Les écrivains qui recueillent soigneusement les faits et gestes des personnages célèbres, vouant à la postérité le cheval de Caligula et le moineau de Lesbie, n'ont pas retracé dans ses détails la grande épopée bagaude ; la plupart l'ont résumée en un mot d'insulte : brigandage. Eh ! certes, les Bagaudes furent des brigands comme l'ont été après eux les Pastoureaux, les Jacques, les Hussites, les Anabaptistes, les Camisards, les Communards, en un mot, tous ceux qui luttèrent contre l'ordre social et à qui il ne manqua qu'une chose pour être absous et glorifiés : la victoire !

CHAPITRE IV

Salvien, prêtre du cinquième siècle, est à peu près le seul qui ait élevé la voix en faveur des malheureux poussés à la révolte, disait-il, par la misère et les vexations. Il plaide avec chaleur les circonstances atténuantes et l'on sent par moments que cette défense devient un véritable réquisitoire contre l'avidité et l'oppression romaines.

Bizarrerie historique : de tout temps, les révoltés ont imité les formes de la société qu'ils voulaient détruire. Les Bagaudes, à l'instar de leurs ennemis, se donnèrent un Auguste et un César : Ælianus et Amandus. C'étaient deux officiers romains « de médiocre capacité, » disent les historiens qui ne peuvent guère le savoir et qui jugent le plus souvent du mérite par le succès. Tout au moins, le fait de s'être mis à la tête d'une insurrection aussi foncièrement plébéienne dénote un caractère énergique.

Autant qu'on a pu en conjecturer par les médailles et emblèmes retrouvés depuis, l'un de ces chefs était chrétien, l'autre païen. Leurs soldats appartenaient aux deux religions rivales, mais principalement à celle qui, toute sophistiquée qu'elle était par les évêques ergoteurs, continuait de s'adresser aux plébéiens et aux esclaves. Le fait même de la coexistence de ces deux religions dans l'armée bagaude prouve que le christianisme populaire n'avait encore rien de son sectarisme. D'ailleurs, il était vraiment question de dogmes, alors que la guerre sociale multipliait ses horreurs ! palais et cabanes incendiés, champs dévastés, riches et fonctionnaires égorgés, nobles dames et plébéiennes violées, rebelles torturés, surprises, embuscades, représailles atroces ; de part et d'autre, nulle pitié.

Aux cris d'angoisse des patriciens, Maximin, récemment créé César, accourt : un torrent de guerriers roule du haut des Alpes vers la Gaule soulevée. Pour remettre sous le joug ces esclaves qui osent briser leurs chaînes, l'empereur fait venir des mercenaires de partout : Italiens, Barbares, Africains même, car on a levé des troupes à Thèbes d'Égypte et ces troupes sont justement chrétiennes ! Admirable hasard ou profonde habileté de Maximin qui, pour annihiler à jamais les novateurs, entreprend de les faire s'égorger.

Quelle sera la conduite des soldats chrétiens ? Ils sont peu nombreux : une légion seulement. Maurice est leur chef ; Candide,

Charles Malato

Victor, Exupère, dont l'Église a fait des saints, commandent sous lui.

Ah ! sans doute, il dut y en avoir parmi eux qui, bouillonnant d'audace et d'espérance, voulurent aller rejoindre leurs frères combattant la Rome païenne et dominatrice. Beaucoup même durent s'échapper, en dépit de toute surveillance, en dépit des conseils lâches de leurs chefs.

Ceux-ci se montrent fort embarrassés. Se déclarer pour leurs coreligionnaires bagaudes, c'est le massacre sans résistance possible ; mais les combattre, quelle honte pour eux, pour l'idée chrétienne ! et aussi quelle faute irrémédiable si les Bagaudes, sont victorieux !

Jésuites et casuistes avant la lettre, ils cherchent et trouvent un biais : la légion thébéenne se déclarera prête à marcher pour l'empereur, mais refusera de prêter le serment d'obéissance (ceci est la porte laissée ouverte) parce que ce serment est entaché de formules idolâtriques.

Cette habileté misérable ne leur fût d'aucun secours. Dédaignant toutes ces subtilités, Maximin donna l'ordre de décimer les guerriers chrétiens. Cette hécatombe apaisera-t-elle sa colère ? Non, le sang n'a fait que le mettre en goût, et il donne maintenant un nouvel ordre : celui de les massacrer entièrement. En vain, s'efforcent-ils de le fléchir par une supplique des plus respectueuses : César demeure inébranlable et ils n'ont plus que la ressource de bien mourir. Mais, bien mourir, comment ? en se révoltant ? Non, en jetant leurs armes et en tendant le cou !

Ils ne tendirent pas le cou, les Bagaudes : ils opposèrent une rude résistance. Pendant plusieurs mois, combattant dans les régions montagneuses et boisées, ils disputèrent pied à pied le terrain. Mais, plus encore que les légions romaines, la disette les accablait ; le manque d'approvisionnements les empêchait de se maintenir dans leurs meilleures positions, les Romains, en y arrivant après eux, trouvaient le pays absolument nu et ravagé, peu leur importait à ceux-là : les convois de vivres ne leur manquaient pas. Maximin put ainsi refouler les rebelles vers les arides plaines catalauniques, coupant leurs communications avec le sud, l'est et centre de la Gaule. Dès lors, le sort de la campagne fut décidé. Incapables de

CHAPITRE IV

soutenir la lutte en pays plat, vaincus dans chaque engagement, harcelés par la cavalerie germaine si terrible aux Gaulois depuis César, poussés de plus en plus vers le nord-ouest, ils s'arrêtèrent vers le confluent de la Seine et de la Marne. Protégés par les deux rivières et quelques retranchements, ils vendirent chèrement leur vie : le massacre fut général. Les gens du pays gardèrent le souvenir de cette héroïque résistance, le champ de bataille fut appelé pendant longtemps *camp des Bagaudes,* et quand, au septième siècle, une abbaye s'éleva sur les ruines des fortifications gauloises, elle en prit le nom de Saint-Maur-*des-Fossés.*

Tel fut le dernier effort révolutionnaire suscité ou, du moins, encouragé au sein des masses par le christianisme. Désormais, cette religion se confinera dans une politique cauteleuse jusqu'au jour, peu éloigné, où Constantin lui donnera droit de cité.

CHAPITRE V
LES HÉRITIERS DU MONDE ROMAIN

Elles sont bien curieuses à étudier ces époques qui précèdent immédiatement la mort d'une société. Celle-ci veut vivre encore et ne le peut ; son rôle historique est accompli, ses excès ont précipité sa chute : impossible de remonter la pente ! et, levant les yeux, elle aperçoit les nouveaux venus qui arrivent au faîte d'où ils dégringoleront à leur tour.

Quels seraient les successeurs, les héritiers du monde romain ? Voilà ce que se demandaient les clairvoyants qui avaient conscience de cette course à l'abîme.

La race latine, qui avait réalisé la conquête de l'univers connu, n'existait autant dire plus. Les guerres l'avaient épuisée, anéantie ; Auguste avait dû repeupler l'Italie avec des colonies étrangères. À force de croisements, le type primitif s'était effacé ; les mœurs, l'esprit, la langue, tout s'était modifié.

Aux débuts de la société romaine, Lucrèce violée se tuait, Virginius tuait sa fille pour lui épargner la flétrissure ; c'était dans l'ordre. Cinq siècles plus tard, l'impératrice Messaline courait les lupanars, Agrippine était la maîtresse de son fils Néron. Les femmes épousaient publiquement des femmes et les hommes des hommes : la race des gitons pullulait.

La majesté romaine avait disparu. Qu'il était loin ce temps où Cinéas voyait dans Rome un temple et dans le Sénat une assemblée de dieux ! Le citoyen, jadis si fier de son titre, ne réclamait plus que *du pain et des jeux*. Le Sénat, ballotté entre la plèbe, les légions et la garde prétorienne, se prosternait dans un avilissement grotesque devant chaque César. Les noms de *saint, sacré, éternel, divinité*, étaient prodigués à tout maître ; on *adorait* son effigie, ses expéditions et tout ce qui se rapportait à sa personne. Lorsque Dioclétien, effrayé du poids de l'empire, se fut donné un collègue Auguste et, au-dessous, deux Césars, on prit l'habitude de parler à un seul comme représentant également les trois autres et l'ancien tutoiement se perdit. De là, s'introduisit dans les langues modernes cette absurdité de parler au pluriel à une seule personne.

Les applaudissements adulateurs du Forum et du Cirque passèrent dans le Sénat ; à partir de Trajan, avènements d'empereurs, lois, décrets furent accueillis par des acclamations rythmées et multipliées. Lorsque les légions eurent nommé Claude II à l'empire du monde, les pères conscrits, réunis dans un temple, s'écrièrent soixante fois : « Claude auguste ! que les dieux te conservent pour nous ! » Quarante fois : « Claude auguste ! nous t'avons toujours désiré pour prince, ou un qui te ressemblât » ; quarante fois : « Claude auguste ! la république te demandait » ; quatre-vingt fois : « Claude auguste ! tu es un frère, un père, un ami, un bon sénateur, un vrai prince » ; cinq fois : « Claude auguste ! venge-nous d'Aureolus » ; cinq fois : « Claude auguste ! venge-nous des Palmyréniens » ; sept fois : « Claude auguste ! venge-nous de Zénobie et de Victoria » ; sept fois : « Claude auguste ! Tetricus n'y est pour rien. » Les litanies de l'Église catholique n'ont pas d'autre origine.

Le respect pour le polythéisme n'existait plus. Rome, conquérante astucieuse, non seulement avait laissé aux peuples vaincus leurs dieux nationaux, mais même les avait accueillis dans son Capitole. En se multipliant, toutes ces divinités grotesques et contradictoires s'annihilaient. Le seul Dieu des chrétiens, mystérieux, immatériel, fut banni de ce temple. Il y gagna d'échapper au discrédit qui atteignait ses confrères. Au contraire, plus ceux-ci baissaient dans l'esprit public, plus l'attirance irrésistible de l'inconnu portait les

CHAPITRE V

foules névrosées vers celui qu'annonçaient apôtres et martyrs.

Sous Dioclétien, les temps étaient devenus orageux pour les chrétiens ; le paganisme, atteint à mort, se défendait par les supplices et les proscriptions. C'était en vain : subtils et tenaces, les nouveaux croyants envahissaient peu à peu toutes les fonctions ; ils arrivaient surtout par les femmes.

De tout temps, la femme, sensitive et impressionnable, a été courtisée par ceux qui veulent arriver. Au service d'une idée, d'un parti ou d'un homme, elle déploie une terrible force nerveuse. Les uns s'adressent à ses sens, les autres à son imagination ou à ses caprices, combien à sa raison ? Le paganisme avait fait de la femme un instrument de plaisir, propre, en outre, à donner des citoyens à l'État : le gynécée ou le lupanar, tel était son lot. Quand l'antique dureté romaine se fut un peu émoussée, la femme devint plus libre mais, alors, la débauche la prit.

Le christianisme proclama l'émancipation pour tous et, en haine du grossier sensualisme qui prévalait, fit de la virginité et du célibat une condition supérieure au mariage. Peut-être, aussi, était-ce un conseil prudent aux néophytes afin qu'ils n'attirassent pas sur d'autres têtes les persécutions qui les menaçaient : celui qui a compagne et enfants, généralement, milite mal et se soustrait avec peine aux dangers. Quoi qu'il en soit, il n'y eut pas là de règle absolue, les unions même de prêtres furent tolérées. Seulement, les apôtres, cherchant à régénérer la société par une nouvelle constitution de la famille, proclamèrent l'indissolubilité des mariages.

Les femmes prirent parti pour le christianisme qui saluait leur relèvement et les persécutions ne firent, comme cela arrive toujours, qu'exalter leur enthousiasme. Un grand nombre, sous le nom de diaconesses, formaient une véritable milice sacerdotale ; leurs fonctions étaient d'assister les évêques, de porter leurs ordres, d'ensevelir les femmes mortes, de distribuer les aumônes et de garder l'entrée des églises. D'autres, appelées *Agapètes,* se consacraient gratuitement au service des prêtres avec lesquels elles habitaient et dont elles partageaient souvent la couche, afin, ont prétendu les écrivains religieux, d'éprouver et vaincre la concupiscence. À la longue, il se forma un alliage monstrueux de

Charles Malato

bigoterie et de dévergondage : diaconesses et agapètes, décriées, flétries, maltraitées même, durent disparaître ou plutôt aller, sous un autre nom, porter dans les couvents leurs ardeurs hystériques.

À mesure que le christianisme se subtilisait, il développait chez les femmes des sensations plus complexes et souvent plus perverses. À côté des pures séduites par la conception d'une morale supérieure, des enthousiastes prises par l'amour du merveilleux, l'éloquence des prédicateurs ou leur majestueuse prestance, des ergoteuses se grisant de discussions métaphysiques, tranchant du docteur et morigénant la mollesse des prêtres, il se formait toute une classe de névrosées : jeunes femmes adorant dans Jésus le dieu-homme, doux et blond, mystérieux époux des vierges. Au fait, le Jupiter païen ne s'était-il pas uni à Danaé ? Et qui d'entre elles n'eût voulu être Danaé ? Jupiter tombait de jour en jour, mais Jésus le remplaçait et, fortune inespérée, daignait se livrer intimement à chaque fervente. Et toutes de soupirer, les yeux fixés sur l'image blanche et nue du crucifié, les sens troublés, l'âme perdue dans un abîme de rêveries mystiques et d'impressions indéfinissables !

Du reste, la névrose s'étendait à toute cette société ; c'était le mal de l'époque et les puissants, qui foulaient aux pieds le monde, se hâtaient de jouir vite, comme frappés du pressentiment d'une chute prochaine.

L'empereur plongé dans les voluptés ou accablé par les affaires, le Sénat sans autorité, la religion sans prestige, le peuple sans cohésion, il était évident qu'aux premières poussées un peu vigoureuses, tout s'effondrerait.

D'où viendrait le choc ? Trois forces étaient en présence : le christianisme, les esclaves, les barbares.

Le christianisme : cherchant, au début, à se réaliser par la force, la force l'avait trahi ; il avait été vaincu dans la Judée, son berceau ; dès lors, il s'était transformé, de politique il était devenu moral et de révolutionnaire évolutionniste, s'attachant à conquérir les hommes un à un, afin de posséder un jour la société et le pouvoir.

Les esclaves : presque partout, la corruption romaine les avait gangrenés. Victorieux, ils eussent été, au moins, aussi exécrables que leurs maîtres. Le christianisme en avait moralisé quelques-uns, mais, s'écartant peu à peu de sa voie initiale, il arrivait, le

CHAPITRE V

plus souvent, à leur ôter toute énergie, toute initiative. Ce sera, du reste, le rôle du christianisme pendant de longs siècles, de tuer la spontanéité au sein des masses dont il se fera l'éducateur. Sans conceptions sociales, sans but défini, sans science d'aucune sorte, les révoltes d'esclaves et de prolétaires avaient été noyées dans le sang en Sicile, en Espagne et en Gaule.

Restaient les barbares. Leur rôle historique se dessinait de plus en plus. Ces masses compactes, sans cesse refoulées, sans cesse revenaient à la charge. Trajan, Claude II, Probus, Aurélien avaient eu beau en exterminer des millions, les peuples succédaient aux peuples et les armées aux armées.

Les apologistes chrétiens ont vu dans ce flot montant des invasions septentrionales, l'œuvre de leur dieu vengeur, faisant d'Alaric et d'Attila, ses justiciers. Cette explication, bonne encore au temps de Bossuet, est quelque peu démodée pour ceux qui ont répudié toute croyance au merveilleux. En réalité, l'empire romain était une proie trop riche pour ne pas tenter des nomades vivant mal à l'aise dans leurs solitudes glacées. Les empereurs, qui s'étaient efforcés de les diviser pour les détruire, avaient été amenés insensiblement à les subventionner. Commode leur avait payé tribut, Claude II en avait introduit dans l'armée, plusieurs étaient parvenus aux premières dignités ; déjà, même, le goth Maximin avait revêtu la pourpre. Dès lors, toutes les convoitises, toutes les ambitions, tous les appétits à satisfaire convergèrent vers Rome. Un exode s'établit, qui dura trois siècles, semblable à cette émigration qui, de nos jours, entraîne les crédules prolétaires d'Europe vers les rivages merveilleux de l'Australie ou du Nouveau-Monde.

C'était bien, d'ailleurs, l'afflux d'un prolétariat : ceux de ces barbares qui n'arrivaient pas en ennemis, se présentaient comme alliés, soldats mercenaires, valets d'armée, portefaix, esclaves volontaires ; ils se chargeaient des travaux pénibles ou rebutants. Les Burgondes, vaincus par Probus, et qui s'établirent en Gaule deux siècles plus tard, étaient presque tous gens de métiers, charpentiers et menuisiers. Ils ne tardèrent pas à prendre les mœurs serviles des clients romains, mendiant à la porte des palais et sur le passage des grands. Leur voix rauque et leur stature colossale contribuaient, sans doute, à rendre les aumônes abondantes.

Charles Malato

Les évêques chrétiens ne s'y trompèrent pas : ils entrevirent clairement que ces sauvages étaient les maîtres du lendemain, et ils s'efforcèrent de les catéchiser afin de régner par eux. Mais, en même temps, ils leur communiquèrent les germes de leurs dissensions. Le grand schisme arien, à lui seul, devait, en moins de soixante années, donner naissance à quinze sectes, occasionner plus de cent conciles spécifiés par l'histoire et faire couler des flots de sang. Et, lorsque la puissance romaine se fut définitivement effondrée, les papes, instaurés dans la Ville Éternelle, loin de se vouer à une haute mission de concorde, d'éclairer les esprits et de fédérer les puissances sous leur autorité morale, comme l'ont prétendu les panégyristes, allaient insuffler au cœur des rois et des peuples les haines religieuses qui, pendant tout le moyen âge, transformèrent la malheureuse Europe en un champ-clos.

CHAPITRE VI
TRIOMPHE DU CHRISTIANISME

C'est sous Constantin que triomphe officiellement le christianisme.

On connaît la fable : cet empereur, marchant contre son compétiteur Maxence, aurait vu, dans les airs, une croix entourée de ces mots, tracés en lettres de feu : *Hoc signo vinces (par ce signe tu vaincras)*. Triomphant, il se serait fait baptiser [33].

Cette légende, fabriquée bien après coup, comme toutes les légendes religieuses, est due à l'écrivain Eusèbe qui a jugé prudent de ne la rapporter qu'après la mort de Constantin, dont il était le contemporain.

Tout favorable qu'il fût aux chrétiens, l'empereur ne reçut le baptême qu'à la fin de sa vie. Doutant de la rémission des péchés postérieurs à ce sacrement, Constantin, qui avait fait assassiner une foule de personnes, parmi lesquelles son neveu, son fils et sa femme, crut sage d'attendre, pour laver ses fautes, qu'il ne pût plus en commettre de nouvelles.

Cet astucieux scélérat, qui ne valait ni plus ni moins que ses prédécesseurs, avait compris que le christianisme était l'avenir ; au lieu de se cramponner au trône, pourri du paganisme, il mit résolument sa main dans la main des évêques. Ceux-ci, stimulés par leur soif de domination, le servirent à merveille, l'avertissant des plans de ses adversaires et s'efforçant de les traverser. Giovini rapporte qu'au moment d'une bataille, tous les chrétiens qui étaient dans le camp ennemi, passèrent du côté de Constantin et contribuèrent à son triomphe. De ce règne, date l'alliance ouverte du pouvoir impérial et de l'Église. Quel chemin parcouru depuis Juda le Gaulonite et Jésus !

L'entrée du vainqueur dans Rome fut toute une révolution. Amnistie générale, peine de mort contre les délateurs, liberté des cultes et des opinions, abolition du supplice de la croix, abrogation des lois pénales contre les célibataires, interdiction du travail dominical, permission d'affranchir les serfs de l'Église, tels furent les actes qui inaugurèrent le nouveau règne.

Une bouffée d'air libre pénétrait dans la Rome impériale, devenue le cloaque du monde. Le peuple, étonné, charmé, acclamait ; le Sénat, publiquement reconnu comme le premier corps de l'État et adroitement complété par de nouveaux membres, chrétiens ou partisans de Constantin, approuvait tout, — du reste, approuver n'était-ce pas, depuis trois siècles, son unique fonction ? Dans son enthousiasme feint ou réel, il décrète un arc triomphal de reconnaissance envers Constantin et la divinité qui l'avait guidé.

Mais c'est le propre du despotisme de stériliser toute réforme. La liberté sociale ne peut naître que du besoin des foules trop longtemps comprimées et non du vouloir d'un seul. Constantin avait proclamé un pardon général, mais il fit mettre à mort toute la maison de Maxence et ceux de ses adversaires qui lui parurent les plus inquiétants : c'est ainsi que les gouvernants comprennent et appliquent les lois. Promulguer la liberté des opinions, n'était-ce pas un non-sens dans un État régi par ce principe monstrueux : « Ce qui plaît au prince a force de loi, que sa volonté soit le droit » ? Le supplice de la croix était remplacé par d'autres non moins cruels. Enfin, l'administration publique, sous prétexte de réforme et de régularisation, devint plus oppressive que jamais.

Libanius a fait une peinture effroyable des exactions du fisc sous ce règne. « J'ai vu, dit-il, de pauvres savetiers levant les mains au ciel avec leur tranchet et jurant qu'ils ne possédaient pas autre chose ; mais leurs cris n'arrêtaient point l'avidité barbare des gens du fisc.

Charles Malato

Les lupanars payaient le chrysargyre [34] ; l'esclave et le mendiant ne pouvaient s'y dérober ; on le devait pour les sentines et pour le fumier de chaque animal. L'approche du terme fatal portait l'épouvante dans les villes. On sévissait par le fouet et les tortures contre la plus extrême indigence qui n'avait de quoi payer. À ce moment, la servitude se multipliait, les pères vendaient leurs fils et livraient leurs filles pour acquitter la taxe ».

Il n'y a donc pas lieu de s'étonner si le peuple, retombé, après une amélioration passagère, sous le joug le plus atroce, se prit à haïr de telle force Constantin, que celui-ci, se sentant comme un étranger dans cette grande ville, qui avait absorbé le monde, alla sur le Bosphore, fonder une autre capitale.

Les chrétiens, qui avaient déjà reçu de l'empereur le palais de Latran, gagnèrent du coup deux cités qui leur donneront l'empire du monde. Rome étant désertée par César, ils y prirent sa place ; de ce temps, commence la prépondérance manifeste des évêques romains. Ceux-ci, dont l'influence sur l'empereur était grande, avaient dû tout mettre en œuvre pour le décider à transporter à Byzance le siège de l'empire.

En même temps, ils s'installèrent en maîtres dans cette ville ; partout, sur le palais, à l'*augustéon* [35], dans les places publiques, la croix s'éleva triomphante. Une foule immense vint peupler la nouvelle cité et, dans cette foule bigarrée, sans cohésion, ce fut l'élément chrétien qui l'emporta.

Dès lors, commence l'agonie du polythéisme : les temples se ferment, les idoles tombent dans la poussière, tandis que les basiliques chrétiennes s'élèvent de toutes parts. Les sentiments longtemps comprimés font explosion, joie sincère chez les uns, vengeance, orgueil et ambition chez le plus grand nombre ; les pieux chrétiens n'ont pas le triomphe modeste et, pendant que raillés, maltraités, les prêtres de Jupiter dévorent leur rage, les vainqueurs, grossis par une foule frivole, avide de nouveautés, par des simples à l'imagination naïve et cette tourbe qui adule éternellement le succès d'où qu'il vienne, prennent possession de l'empire romain.

Ah ! qu'elles sont loin les revendications primitives du christianisme ! Quelques pères éloquents, Basile, Ambroise, Chrysostôme, s'élèveront bien encore contre les riches ; après

CHAPITRE VI

eux, l'évêque Isidore déclarera même que liberté individuelle et communauté de possession sont de droit naturel ; on les applaudira sans les écouter. L'important n'est plus que les esclaves soient affranchis, que les peuples soient heureux, que la justice règne sur la terre consolée ; tout cela est intempestif, irréalisable en ce monde d'épreuves ; on sera heureux plus tard, dans l'autre vie, si l'on est soumis à Dieu, c'est-à-dire à César et aux évêques. Ce qui presse, c'est que les privilèges des pontifes païens soient supprimés, que leurs rivaux soient mis en possession des temples et des palais, que toutes les faveurs n'arrivent plus que par eux et, surtout, que la répression soit impitoyable contre l'hérésie.

Car toutes les sectes chrétiennes qui, jusqu'alors, s'en étaient à peu près tenues aux injures, en arrivaient à des luttes inouïes maintenant qu'on allait partager le butin de la victoire. C'est un phénomène inhérent à tous les partis politiques ou religieux, qui peuvent bien se réunir un moment contre l'ennemi commun, mais qui, à peine maîtres de la situation, se livrent une guerre sans pitié.

Pour être juste, il faut reconnaître que la cupidité de jouir grossièrement sans partage, n'est pas le seul mobile de ces conflits, la griserie mentale y est pour bien plus. Et plus la foi est sincère, plus l'idéal politique ou religieux sera subtil, raffiné, immatériel, plus l'emportement sera féroce. Le paganisme, religion sensuelle, parfois même bestiale, avait été tolérant ; le monothéisme fut toujours cruel. « Le fanatisme, dit Darmesteter [36], est le privilège des religions morales qui, s'étant fait un idéal élevé et exclusif comme tout idéal, poursuivent tout ce qui s'en écarte d'une haine qui ne peut pardonner sans apostasie ».

Aussi, à peine triomphante, les évêques chrétiens s'empressèrent-ils de codifier la religion en formules dogmatiques, frappant sans pitié les hérétiques.

Ce fut l'œuvre du concile de Nicée (825).

Il n'entre pas dans notre cadre de suivre par le menu les disputes théologiques ; nous n'avons cherché qu'à retracer, dans ses grandes lignes, la genèse d'une immense révolution. Nous dirons, cependant, quelques mots du concile où, pour la première fois, le dogme chrétien fut solennellement proclamé.

Une grave controverse divisait les évêques : La Trinité était-elle trois dieux ou un seul existant sous trois modes ? Le prêtre Arius, orateur et poète en vogue, soutenait la première opinion, qui comptait plus de partisans dans la foule, encore païenne, que parmi les chefs de l'Église. Une lutte violente s'engagea entre *trithéistes* et *monarchistes.*

Obsédé par les deux partis, Constantin, qui n'était pas baptisé, se vit contraint de remplir le rôle d'arbitre. Il ordonna au clergé de se rendre à Nicée, en Bithynie.

C'est une profonde erreur, incessamment commise, de croire que les controverses peuvent se résoudre à l'amiable par des délibérations prises en commun. Les conciles religieux, comme les congrès politiques, n'ont jamais abouti qu'à aviver les dissensions anciennes et en produire de nouvelles.

Tous les disputeurs d'Orient, les métaphysiciens de Grèce et d'Égypte affluèrent au concile. Bientôt, on n'entendit plus, dans l'intérieur des maisons, dans les rues, sur les places publiques que controverses sur le verbe. Ces controverses, tantôt subtiles tantôt grossières, affolaient, enflammaient la masse.

« Ne va pas croire, a dit Grégoire de Nysse, que tu puisses échanger une monnaie, acheter du pain ou te rafraîchir dans un bain, sans que le banquier, le boulanger ou le baigneur entame une discussion théologique sur le Fils engendré et le père non engendré, sur la consubstantialité ou la non consubstantialité du Père et du Fils. »

C'est la grande dame, païenne de mœurs, chrétienne par désœuvrement, mêlant le culte de Vénus et de la vierge Marie, qui juge, censure et condamne.

C'est le philosophe néo-platonicien qui disserte à perte de vue sur le Dieu bon et son verbe, le *Logos,* âme du monde.

C'est le barbier trivial qui, prenant dans la main ses parties génitales, s'écrie publiquement : « Voici la trinité ! » [37].

Les évêques d'Occident, préoccupés de leur grandeur future, eurent le bon sens de ne pas se mêler à ces luttes énervantes. Ils se réservèrent : trois ou quatre seulement, plus deux simples prêtres délégués de Rome qui se tinrent dans une stricte neutralité, participèrent au concile.

Les débats, sous la présidence de Constantin, durèrent deux mois,

CHAPITRE VI

du 14 juin au 25 août 385. Outre les évêques, pullulait une foule de prêtres, diacres, philosophes et curieux.

Ce fut, à vrai dire, le choc de deux religions, car l'arianisme, reconnaissant à chaque personne de la trinité une substance différente, pouvait être considérée comme un avatar du polythéisme expirant ou, tout au moins, une transition entre celui-ci et le monothéisme.

L'effervescence fut même telle, au début, que, sur deux mille quarante-huit évêques, l'empereur en renvoya dix-sept cent trente. Ce fut un vrai coup d'État. Dès lors, les partisans d'Arius, majorisés, terrifiés par les imprécations du concile et les mouvements du populaire, se joignirent presque tous à leurs antagonistes.

Après d'interminables discussions, des conférences privées et publiques, le concile proclama l'unité divine et prononça la condamnation d'Arius. Celui-ci fut exilé dans les Gaules.

C'en est fait : la religion chrétienne est constituée, et, cinquante-cinq ans plus tard, Théodose, en arrivant au trône, ordonnera à tous de la professer : ceux qui se conformeront à cette loi seront appelés chrétiens catholiques, les autres seront dénommés hérétiques, insensés et infâmes, aucun de leurs lieux de conciliabules ne pourra prendre le nom d'église.

CHAPITRE VII
DE CONSTANTIN À CHARLEMAGNE. — COMMENCEMENTS
DU MOYEN ÂGE : TRAVAIL DANS LA NUIT

Désormais, les choses se précipitent : le christianisme, comme un torrent, déborde et se communique aux régions les plus éloignées. Vainement, Julien l'apostat tente d'arrêter sa marche, de réformer le polythéisme expirant, de marier sous le nom d'*hellénisme,* la vieille religion et la philosophie : tout est inutile.

La foule, cet élément où grouillent tous les préjugés comme toutes les intuitions, tous les héroïsmes comme toutes les lâchetés, devient aussi ironique, aussi cruelle aux païens qu'elle s'est montrée jusqu'alors impitoyable pour les sectateurs de Jésus. Ses sarcasmes

Charles Malato

atteignent César lui-même.

Les vrais philosophes, les penseurs, non moins écœurés du fatras théologique de la religion nouvelle que des grossièretés de l'ancienne, cherchent autre chose et ne trouvent pas. La raison pure ne suffit à éclairer le grand mystère et la science qui, seule, peut donner le mot de l'énigme, n'existe pas encore.

Ils s'interrogent et hésitent, se troublent, se divisent ; pendant ce temps, les docteurs passionnent, remuent les masses, les missionnaires convertissent les peuples et plus le flot des barbares, hier sujets, aujourd'hui alliés, demain maîtres, se rapproche en grondant de l'empire, plus les forces du christianisme augmentent.

Théodose exalte la domination des évêques et ruine celle des Césars en partageant à ses faibles fils les deux moitiés pantelantes de l'empire.

Division impolitique pour les souverains, qui diminua leur prestige, amoindrit leur autorité, mais qui montra combien les tout-puissants se reconnaissaient incapables de conduire des masses, de les protéger, de penser et agir pour elles ! En vain, les Constantin et les Théodose s'efforçaient de réparer par le faîte le vieil édifice : la base manquait toujours.

Aussi, voit-on, pendant que tinte lugubrement le glas de l'agonie romaine, des provinces se soulever, appeler les envahisseurs, des villes chasser leurs magistrats, essayer de s'organiser elles-mêmes : la bagaudie ressuscite.

Ah ! ce n'est pas sans douleur que s'opère cette infiltration d'un jeune sang dans des veines épuisées. D'horribles convulsions secouent la vieille Europe : les châteaux s'écroulent, les villes brûlent, les populations sont fauchées. De longs hurlements emplissent cette nuit du moyen âge qui commence.

Les puissants, pris de rage, s'enferment dans leurs palais et y multiplient leurs orgies ; le peuple s'étourdit dans les disputes théologiques ; des hommes épouvantés et que gagne le mal de l'époque, une tristesse indéfinissable, annoncent la fin du monde et se retirent dans des solitudes.

Fleur sépulcrale, le christianisme, épanoui sur le tombeau du monde romain, conservera ce cachet de mélancolie amère, propre d'ailleurs aux religions idéalistes.

CHAPITRE VII

Michelet a bien fait ressortir ce morne sentiment qui, pendant des siècles, sépara l'homme de la nature, lui fit méconnaître et haïr cette terre considérée comme un lieu de passage, comme une vallée d'épreuves.

Dans les cités, demain ruinées, où l'orgie bat son plein, le christianisme triomphant est lui-même gangrené par la morale et les superstitions païennes. Les effervescences d'idées ou de sentiments ne sont pas durables : tôt ou tard, l'équilibre tend à se rétablir, la fusion à se faire entre les conceptions encore vagues de l'avenir et les dogmes ébranlés de la veille. Le peuple, qui ne peut se passer de déesse, érige des autels à la mère de Jésus : voici Minerve, Diane et Vénus remplacées ; les apôtres de la foi, deviennent, sous l'épithète de *saints,* des sortes de demi-dieux : Pierre, Paul, Jacques, Étienne détrônent Hercule et Thésée. On comprend, en partie, l'acharnement déployé dans les conciles par des docteurs tremblant de voir le polythéisme renaître sous une autre forme.

En Italie, surtout, le clergé chrétien se vautre dans la luxure et arrache les héritages des dévotes. « Pour les pauvres, disent les pieux quémandeurs ; l'Église est la dispensatrice du bien commun. » Mais l'Église, qui reçoit tout, garde tout ; et Ambroise lance l'anathème aux ministres dissolus qui surpassent la corruption païenne et qui, par leur rapacité, ont été exclus du droit d'hériter accordé « aux plus infâmes. »

L'œuvre de spoliation commencée se continuera pendant des siècles ; les grands, après avoir ruiné les masses, seront grugés lentement par le clergé. Toutes ces richesses afflueront dans les coffres de la Papauté qui, par l'or et la foi, deviendra au moyen âge la maîtresse de l'Europe.

Rien n'est propre à l'homme, roi ou esclave, tout est à Dieu et, par conséquent, à son vicaire : à celui-ci d'administrer et de dispenser les biens. Tel est le dogme chrétien au point de vue du droit à la propriété.

C'est la même idée qui a germé dans le cerveau de théoriciens modernes, avec cette différence qu'ils remplacent le pape par l'État. Mais l'Église laïque vaut l'Église chrétienne : le socialisme gouvernemental, malgré l'évolution des mœurs et des idées, malgré les prodiges de la science et de l'outillage modernes, ramènerait

Charles Malato

les masses à ce rôle passif de rouage d'une grande machine mue par un petit nombre d'individus : ce serait l'ankylose de l'initiative et de la dignité humaines dans la nuit d'un nouveau moyen âge. Que doivent penser du communisme autoritaire les martyrs du couvent, de la caserne et du bagne ? Le communisme autoritaire, mélange affreux de démocratie et de féodalité, c'est, dans sa plus bénigne acception, le troupeau ruminant que le pasteur chasse devant lui sur les pâturages.

Mais l'heure a sonné du découronnement de la grande ville ; l'aigle impériale avait pris son vol pour ne plus revenir. On eût dit que les idoles renversées avaient entraîné dans leur chute la puissance romaine. Le flot de barbares, sans cesse grandissant, n'a plus qu'à donner une dernière poussée : l'empire tombe.

Rome, qui avait dévoré tant de peuples, anéanti tant de cités florissantes, répandu la terreur aux extrémités du monde connu, subit à son tour le sort de ses victimes : Carthage, Numance, Corinthe, Athènes, Jérusalem. Agonie terrible que celle de cette géante dont la chute ébranla la terre !

Vassal insoumis, Alaric s'est rebellé contre le perfide Honorius cependant que l'empereur avec ses femmes et ses eunuques, se renferme dans Ravenne dont il fait sa capitale, le roi visigoth marche à deux reprises contre Rome : en 409, il l'affame ; en 410, il la prend. Dans la nuit du 24 août, les esclaves ouvrent les portes aux assiégeants.

Que ne put-elle être prophétique cette accolade des esclaves et des barbares, debout sur les débris de la puissance romaine ! Ce réveil des opprimés, qui avait été la pensée d'un Spartacus, eût pu s'accomplir si le christianisme, dogmatisant sous prétexte de moraliser, n'eût crié par toutes ses voix : « Soumission ! »

L'assaut fut suivi du massacre et le massacre du pillage : le polythéisme y reçut le coup mortel. Les Goths d'Alaric étaient chrétiens, quoique de la secte d'Arius ; ils détruisirent impitoyablement les monuments du paganisme et épargnèrent les églises de Saint-Pierre et Saint-Paul.

Encore un demi-siècle, et l'empire d'Occident, qu'Alaric vainqueur se contente de changer de maître, n'existera plus !

Pendant que l'autre capitale, reine du Bosphore, enfermée dans

CHAPITRE VII

un cercle de fer, engage contre les barbares d'Europe et d'Asie cette lutte qui se prolongera dix siècles, l'Occident, de romain, devient gothique. Tombez panthéons où resplendissaient les vieilles divinités ! sur vos débris s'élèveront plus tard les cathédrales aux ogives merveilleuses, élançant vers le ciel leurs tours et leurs flèches d'or. Écroulez-vous cirques, théâtres, chefs-d'œuvre de la statuaire ! Consumez-vous, doctes manuscrits renfermant la sagesse antique d'Homère à Ptolémée : désormais, il n'y a plus place pour d'autre livre que l'Évangile ; de rudes démolisseurs travaillent pour une société nouvelle. La houle humaine roule depuis la la Sarmatie jusqu'aux rivages méditerranéens ; les chefs nomades, longtemps alliés ou vassaux, ont secoué le joug : ils renversent l'empire, puis s'en disputent les dépouilles. Les Visigoths prennent l'Espagne, les Francs la Gaule, les Goths l'Italie, les Vandales l'Afrique. Des essaims de géants, blonds ou roux, couverts de fourrures ou d'armes étranges qui les font ressembler à des démons, renversent les villes, saccagent, massacrent, violent et, phénomène propre à toutes les grandes révolutions, les chefs guident les foules moins qu'ils ne sont guidés par elles. Les Huns, comme une avalanche, couvrent la Thrace, l'Illyrie, la Pannonie, la Germanie et jusqu'à la Gaule. Aétius les en chasse : ils se rejettent sur l'Italie ; le climat, la maladie les déciment ; vainqueurs, ils sont aussi épuisés que les vaincus. L'évêque romain s'interpose et l'extermination s'arrête.

Ce rôle de médiateur sera celui des pontifes jusqu'au jour où ils le changeront contre celui des maîtres.

Phénomène bizarre, la papauté, aujourd'hui à l'agonie, tend fatalement à reprendre ses anciennes fonctions d'arbitre, retraçant en sens inverse, dans sa décrépitude, les phases de sa naissance.

Singulièrement démodée à notre époque de science et de critique, l'Église romaine, cette épave qui a survécu à tant de naufrages, est destinée, malgré l'habileté de ses chefs, à disparaître avant peu dans la grande commotion politico-sociale que nous réserve cette fin de siècle.

Vainement, tentant un retour impossible aux doctrines primitives, balbutie-t-elle à contre-cœur le mot socialisme. Vainement s'adresse-t-elle aux prolétaires, aux déshérités ; ceux-ci qu'elle a abandonnés, sacrifiés, trompés pendant des siècles ne la

Charles Malato

connaissent plus : ils sentent qu'elle cherche à les tromper encore [38]. Prisonnière, d'ailleurs, des gouvernants et des capitalistes qui, seuls, lui permettent de vivre parce qu'ils en ont besoin, elle n'a pas la liberté de ses mouvements.

Et, cependant, le spiritualisme n'est pas mort : beaucoup s'en faut. Ce n'est pas en quelques années que des foules ignorantes peuvent secouer le joug de l'atavisme. Chez les plus avancés des révolutionnaires modernes, les anarchistes, on rencontre parfois des tendances idéalistes excessives qui sont d'un augure redoutable pour l'avenir. L'amour du merveilleux, la crédulité, l'espérance, exploités par de dangereux charlatans peuvent nous réserver bien des surprises. Qui sait si le christianisme, une fois la papauté à terre, ne cherchera pas son salut dans quelque incarnation ? Qui sait si des systèmes analogues à la théophilanthropie du siècle passé ne s'efforceront pas de prendre racine ?

Alors que tout lien social semble brisé, des groupes se forment spontanément où les molécules humaines désagrégées se rassemblent selon leurs affinités ; un immense travail s'élabore, travail latent et opiniâtre, analogue à celui des polypiers qui, dans les mers du sud, édifient des îles de corail. De ce travail sortira un organisme nouveau.

Au milieu de la grande *désolation* des barbares portant le fer et la flamme dans la vieille Europe, des monastères, des couvents surgissent de toutes parts où s'engouffrent hommes et femmes en quête d'un abri sûr ou séduits par l'amour d'une vie commune fraternelle et égalitaire, conforme aux aspirations primitives du christianisme. En même temps, des cités, des villages s'organisent, ici sous le patronage d'un évêque, là sous la protection d'un guerrier ; des laboureurs, des artisans, des pêcheurs se groupent, premier embryon des corporations et des communes du moyen âge.

De même que les Romains, vainqueurs incultes, avaient été subjugués par la civilisation grecque, de même, ces millions de fauves à face humaine, Goths, Huns, Germains, Sarmates, se trouvèrent, une fois vainqueurs, frappés d'une sorte de respect ou de malaise en face des ruines qu'ils avaient amoncelées. Le peu qui restât de science latine était ou concentré à Byzance ou possédé

CHAPITRE VII

par quelques religieux. De là vint la force de la capitale d'Orient qui, seule contre tout un monde, résista dix siècles ; de là, vint la puissance de l'Église chrétienne : les leçons du passé lui aidèrent à déchiffrer l'avenir : elle sut.

Pour tous ces barbares, Rome avait été pendant des siècles l'idéal du pouvoir céleste sur la terre. Le mot César, qui se retrouve dans une foule de langues (en allemand Kaiser, en russe Tzar, en vieil assyriaque Sar), exprimait pour eux le faîte de la puissance. L'empire détruit, ce prestige subsista encore : les papes en héritèrent.

Tant que dura l'ignorance générale, c'est-à-dire jusqu'au XIIIe siècle, le prêtre demeura pour la masse le savant et même mieux, le magicien. La foi naïve multipliait les miracles ; l'inconscient ne ressent-il pas le besoin de croire et d'adorer ? C'est l'époque où abondent les légendes de toutes sortes : guérisons invraisemblables, résurrections, apparitions célestes, l'époque où seigneurs et vilains, guerriers et paysans s'agenouillent devant le froc. Ce n'est que lorsque un peu de clarté se fait dans les esprits que l'homme de Dieu perd le don de commander à la nature ; dès lors, voyant dans le sorcier un rival redoutable, il sévit contre celui-ci avec une fureur sans égale, et les faits étranges dont il ne peut ou ne veut donner l'explication rationnelle, il les attribuera au diable.

Au milieu du submergement de l'ancien monde romain, seule la papauté avait conservé une perception nette de l'état de choses. Elle eut, pour s'orienter dans les ténèbres du moyen âge, cette idée fixe : la domination des esprits. Le règne de la foi remplaça le règne de la force.

Pendant que l'Église d'Orient se confine dans les querelles théologiques, les pontifes romains commencent à s'emparer de la direction politique de l'Europe. Des missionnaires se répandent de tous côtés, protégés par les rois chrétiens dont ils augmentent le domaine et l'influence. Augustin évangélise l'Angleterre, Omer et Amand la Belgique, Colomban la Suisse ; la Germanie se remplit de propagandistes.

Ce n'est jamais par suite d'une démonstration raisonnée que les masses se convertissent aux idées nouvelles : c'est sous la pression des événements, sous l'entraînement des passions et avec l'intuition vague que ce qui avait prévalu jusqu'alors est mauvais.

Charles Malato

Les apôtres du christianisme ne pouvaient, malgré leurs procédés oratoires, grossièrement imités des rhéteurs latins, démontrer la vérité d'une religion qui coupe court à toute explication scientifique par le mot mystère ; mais ils pouvaient établir l'inanité des anciens dieux, flatter sans se compromettre les instincts de la plèbe en parlant d'une égalité réalisable en un monde meilleur, obtenir pour les malheureux quelques soulagements ; tour à tour catéchistes, professeurs, médecins, agriculteurs, ils pouvaient, par leurs services, acquérir des droits à la reconnaissance et surtout se ménager de puissantes alliances : ce qui importait le plus, car c'est toujours par des minorités actives, entraînant la masse à un moment donné, que s'opèrent les révolutions.

Quand les païens ou les hérétiques ne cédaient pas à l'éloquence des prédicateurs, des châtiments, prophétisés à grand bruit, suivaient, terribles, impitoyables. Les longues barbes blanches se retiraient et des guerriers bardés de fer les remplaçaient. Moissons, cabanes, villages et palais, que tout s'anéantisse au nom du seigneur Dieu de miséricorde ! C'est ainsi que les rois francs écrasent les Lombards et les Saxons, pendant que les empereurs de Constantinople imposent la foi chrétienne aux Bulgares et que les souverains d'Angleterre soumettent leurs sujets au paiement du denier de Saint-Pierre.

Une première ébauche, non pas de fusion, mais de soudure entre les éléments disparates de l'Europe occidentale s'opère au IXᵉ siècle. Charlemagne a complété l'œuvre de son père en brisant le cercle de fer qui entourait la papauté et en lui constituant un domaine. Jésus, dont le royaume n'était pas de ce monde, se trouve ainsi furieusement distancé par son vicaire, maître au spirituel et au temporel ! Le pontife, pour qui la reconnaissance est la meilleure politique, fait du roi franc un empereur d'Occident. De l'Elbe à la Manche, de la Save aux Pyrénées, les peuples reçoivent le dogme catholique et les capitulaires.

Unification trompeuse, toute de surface, qui ne devait pas être de longue durée. Charlemagne put, en maniant les deux armes de l'antiquité et du moyen âge : la Foi et la Force, tenir un moment courbées sous son sceptre ces masses, différentes de langues et de mœurs ; mais, après lui, tout se disloqua.

CHAPITRE VII

L'homme qui, entre César et Napoléon, surgit pour réaliser un moment la monarchie universelle, fut sans doute autre chose qu'un conquérant assoiffé de batailles. Peut-être, hanté par le plus haut idéal qu'on pût concevoir à cette époque, se crut-il appelé à rendre au monde endolori la *paix romaine,* à faire entrer dans le giron de la civilisation renaissante de nouvelles masses barbares. Sa vie entière, qui est celle d'un législateur autant que d'un guerrier, semble prouver qu'il eut la conception d'un état social où les peuples, sans distinction de frontières, vivraient unis sous une même foi et une même loi.

Ce groupement des masses humaines en une immense famille, une libre évolution peut seule le réaliser. Tous ceux qui l'ont tenté par la force ont échoué ou, si le succès leur a momentanément donné raison, ils ont pu emporter la conviction que leur œuvre ne leur survivrait pas.

CHAPITRE VIII
ÉVEIL DES PEUPLES. — LA RÉFORME. — DEUX ADVERSAIRES EN PRÉSENCE : LE GESÙ, LA FRANC-MAÇONNERIE.

Après Charlemagne, la nuit se fait de nouveau sur l'Europe ; des avalanches furieuses de sauvages inconnus : Danois, Normands, Hongrois, Slaves, bouleversent tout. Les peuples tremblants s'enferment derrière des murailles, les châteaux-forts s'élèvent de toutes parts, les habitants des campagnes s'abandonnent à la protection dangereuse des seigneurs : commencement de la féodalité.

Jusqu'alors, des épaves de la civilisation romaine avaient surnagé, roulées par le flot tumultueux. Le peu qu'il leur avait été donné d'entrevoir remplissait les Barbares d'une admiration superstitieuse. Ce qu'Horace avait dit de la Grèce abattue, captivant son farouche vainqueur, pouvait s'appliquer aux hommes du Nord, debout sur les débris d'un monde détruit. L'instinct d'imitation, inhérent à l'homme inculte comme au singe, les portait à calquer grossièrement les formes disparues : Clovis s'était revêtu avec orgueil de la pourpre consulaire, mettant ainsi une dignité romaine au-dessus de sa royauté franque ; Charlemagne n'eut qu'une pensée fixe, reconstituer la domination universelle des Césars, pensée qui, après lui, fut celle des empereurs germains, qui est, aujourd'hui, celle des tzars. Après chaque période de bouleversement social, une soudure tend à se faire avec le fil rompu du passé : les démolisseurs de la veille deviennent serviles plagiaires des formes qu'ils ont brisées. Ce sera, plus tard, la destinée des ex-jacobins recréant à leur profit titres et privilèges après avoir promené sur la société le niveau révolutionnaire. Et, de nos jours, dans les rangs du prolétariat qui cherche son émancipation, des hommes ambitieux guettent l'heure où, escaladant les ruines amoncelées et mettant un masque au passé, ils pourront émerger, en maîtres, de la foule.

Le monde gothique avait commencé à se romaniser lorsque les nouvelles invasions de l'époque carlovingienne le rejetèrent dans la barbarie. Plus d'académies ! plus de bibliothèques ! plus d'écoles ! à leur place, le donjon féodal, construit pour arrêter l'envahisseur, élève au ciel ses tourelles pointues et, par ses créneaux, regarde dans la campagne déserte.

Le ciel a une noirceur d'encre, une lividité de plomb : on halète plutôt qu'on ne vit. Guerres, famines, épidémies engendrent des générations maladives portées à toutes les surexcitations de la névrose : miracles et sorciers vont se multiplier.

Seule restée puissante, parce qu'elle est l'unité morale, l'Église catholique étend son règne et, comme tous les parvenus, aussi âpres à la curée qu'ils étaient humbles au début, la papauté n'entend pas de partage.

Les deux métropoles du monde, Rome et Constantinople se déclarent une guerre morale pire qu'une guerre armée : bien entendu, la religion en est le prétexte. De part et d'autre, les chefs des deux Églises se jalousaient trop mortellement pour se concéder la suprématie. Les populations prenaient part à ces querelles : les descendants dégénérés de Romulus, bâtardés de Goths, voyaient logiquement dans leur pontife le successeur des souverains du monde ; les Grecs, au contraire, jadis assujettis, maintenant constitués en grand empire, considéraient le pouvoir spirituel comme intimement lié à celui de leurs souverains : l'intervention décisive de ceux-ci dans toutes les controverses théologiques

CHAPITRE VIII

prouve qu'en effet, l'empereur se considérait comme le chef unique et immédiat du patriarche, rôle qu'exerce aujourd'hui le tzar ou césar russe.

L'hostilité grandit de jour en jour. À Constantinople, on brise les saintes images, réminiscences d'idolâtrie, puis, reprenant, sous une autre forme, la vieille querelle d'Arius touchant la Trinité, les patriarches grecs accusent les Occidentaux d'avoir blessé la foi en ajoutant au symbole apostolique que le Saint-Esprit procède du fils : abomination de la désolation ! Les anathèmes se croisent et, finalement la chrétienté se trouve scindée en deux tronçons.

Mais, tout à coup une rumeur se répand : le monde va finir, la millième année de l'ère chrétienne verra le Dieu tout-puissant trônant au milieu des éclairs, juger les pâles humains.

Effarement des heureux, muette résignation des masses, joie profonde des mystiques ainsi que des damnés de cette vie qui espèrent un paradis pour récompense des maux qu'ils ont soufferts.

Et nul ne s'avise de mettre en doute la nouvelle, car elle vient de la plus sûre des sources, de la plus infaillible des autorités : l'Église qui, pendant qu'elle annonce la fin du monde par des milliers et des milliers de prédicateurs, fait main basse sur trésors, terres et châteaux qu'elle acquiert en échange d'indulgences octroyées.

Magnifique opération commerciale qui n'a rien à envier aux modernes coups de bourse des Juifs, ces concurrents subtils que l'Église catholique, accapareuse de millions, a toujours, à travers les siècles, poursuivis de sa haine !

La vente des indulgences fut, au moyen âge, la grande ressource pécuniaire de la papauté. Le purgatoire n'existait pas primitivement ; la doctrine intransigeante du jugement dernier n'admettait que deux aboutissants : un lieu de punition pour les méchants, un lieu de délices pour les bons. Afin de ménager les susceptibilités et de se donner plus de latitude, les docteurs chrétiens créèrent peu à peu, comme terme moyen entre le Paradis et l'Enfer, un séjour où les âmes impures expieraient leurs péchés pendant des périodes variables. Pour libérer ces chères âmes, parents et amis faisaient affluer les dons dans les coffres ecclésiastiques. Bientôt, on alla plus loin : on paya par anticipation pour se préserver des flammes posthumes, et le Vatican devint le siège d'une immense exploitation

Charles Malato

desservie par toute une hiérarchie d'agents en soutane.

On se tromperait, cependant, si l'on croyait que l'annonce de la fin du monde, qui fit tomber à genoux princes et peuples, notamment en Allemagne, en Italie et en France, ne fut pas autre chose qu'une spéculation lucrative. Ce fut aussi, en grande partie, un moyen d'intimidation pour ramener au respect de l'Église ces descendants de barbares qui, courbés un moment sous le joug, reprenaient bien vite leurs féroces instincts ataviques.

Enfin, ce fut surtout la vieille croyance millénaire qui se réveilla. Captifs chez les Perses, les Juifs avaient recueilli plusieurs de leurs mythes qu'ils amalgamèrent à leur religion. Nombre des premiers chrétiens, et peut-être Jésus lui-même, s'étaient laissé pénétrer par cette foi en une arrivée, à date fatidique, du Dieu suprême qui, se faisant le réparateur des biens et des maux, rétablirait l'équilibre parmi les hommes.

Cette croyance avait fort contribué à faire perdre de vue l'idée d'une révolution sociale pour se reposer uniquement sur le jugement dernier, — état d'esprit qui, après tant de siècles, se reproduit chez certains révolutionnaires modernes, lesquels attendant, avec confiance, qu'un cyclone d'idées et de faits passe sur le vieux monde, ne font rien pour hâter l'heure solennelle, persuadés qu'ils sont que de telles commotions ne peuvent être provoquées directement par des individus.

L'an mille s'accomplit et le monde subsiste : une immense clameur de joie s'échappe des poitrines et monte vers le ciel clément. La vie sociale, un moment suspendue, reprend avec une activité nouvelle.

Le XIᵉ siècle, avant sa fin, voit un mouvement religieux dont les résultats sont immenses. Émancipés de la lourde tutelle des empereurs germains, successeurs de Charlemagne, les papes lancent l'Europe féodale sur l'Asie musulmane.

Coup de maître qui consacrait la direction prise par l'Église de tous les mouvements politiques, qui faisait des souverains les exécuteurs de la volonté pontificale, enfin qui enrichissait le clergé des domaines vendus à vil prix par les nobles croisés partant en quête de fortune et d'aventures.

Le mouvement, loin d'être purement aristocratique, s'étendit à la plèbe. Il serait malaisé de dire même si cette dernière entraîna

CHAPITRE VIII

les seigneurs ou fut entraînée par eux. Quoi qu'il en soit, ces croisades, savamment entretenues, débarrassèrent l'autorité royale et religieuse d'éléments qui pouvaient lui faire obstacle par leur turbulence. De même, nous voyons les gouvernements modernes entretenir cette émigration qui, emportant des flots de déclassés et de prolétaires vers les côtes d'Afrique et les pampas américaines, ouvre une issue provisoire au mécontentement des masses et retarde de quelques années la révolution sociale tout en concourant à la généraliser.

La bourgeoisie naissante fut seule à se désintéresser des croisades. Tandis que les gens de métier travaillaient patiemment à consolider leurs corporations et à augmenter leurs privilèges, ceux dont la vie quotidienne était des plus précaires : serfs fugitifs, colons ruinés, mendiants, voleurs, femmes publiques, gagnés par l'enthousiasme et aussi par le mirage d'une existence plus heureuse, partirent pour cette Jérusalem qu'ils ne connaissaient pas, entraînant sur leur passage de nouvelles recrues.

Au demeurant, les premières croisades, comme jadis les invasions slavo-germaines et scythiques, étaient l'exode d'un prolétariat. Avec ses famines, ses épidémies, ses guerres continuelles et ses cruautés atroces, le moyen âge fut une époque de désolation. Plus cette vie terrestre devenait dure, plus les prêtres faisaient miroiter les délices paradisiaques. Pour la plèbe naïve, cette Sion, aïeule du christianisme et patrie des élus, glorifiée dans les cantiques, devint la cité idéale où les assoiffés de bien-être et de justice pourraient satisfaire leurs aspirations. Où était-elle située au juste ? Dans le ciel, disaient les prêcheurs de résignation ; mais c'était trop lointain : les plus énergiques, les plus impatients, entreprirent de réaliser ce paradis sur la terre. Hussites et anabaptistes eurent, les premiers à Prague, les seconds à Munster, leur nouvelle Sion, dont ils organisèrent le gouvernement sur le modèle de l'ancienne : tant le pastichage est de toutes les époques !

Au déclin du XIIᵉ siècle, les types abrupts du moyen âge commencent à s'effacer ; d'autres apparaissent : le hardi chevalier, portant haut son panache et glorieux de son ignorance ; le prêtre onctueux et le moine papelard ; le bourgeois calculateur, peu accessible aux effusions de sentiment, prêt à mourir bravement pour ses intérêts ; le Juif obséquieux et subtil, se gonflant de l'or

Charles Malato

chrétien pour être ensuite pressé « comme une éponge ».

Quant à la plèbe infime, elle croupit dans une abjection sans bornes, d'où la tirent parfois de sanglantes révoltes, suivies de répressions impitoyables. Le truand des villes, pas plus que le serf de la glèbe, n'a encore figure d'être humain : c'est l'animal sournois, craintif, fuyant le seigneur et qui reçoit la mort en hurlant, à moins que, se voyant perdu et pris d'une soudaine fureur, il ne se retourne d'un bond contre le chasseur, le renverse et l'éventre.

Les croisades occasionnèrent un profond ébranlement dans les couches sociales. Après la période d'enthousiasme, arriva celle de critique, puis d'hostilité : c'est l'ordre naturel.

Comme toujours, les protestations, au début, furent assez modestes. La foi s'était si fortement implantée dans les cerveaux et dans les cœurs qu'on n'eût osé attaquer de front les dogmes catholiques. En 1051, déjà, l'archidiacre Bérenger, après avoir formulé quelques objections sur la *présence réelle* dans l'Eucharistie, s'était prudemment rétracté. Un siècle plus tard, Abélard et Gilbert scandalisaient les dévôts par une dialectique subtile qui faisait les délices des érudits et à laquelle le peuple n'entendait goutte. Mais voici que des hommes parlant une langue intelligible à tous, s'écrient : « Plus de sacrements plus de symboles ! plus de hiérarchie ! plus de discipline ! l'égalité vraie ! plus de paradis ! plus d'enfer ! plus de purgatoire ! justice et liberté pour tous ! »

Aux philosophes incolores, succèdent les révoltés. Le midi de la France, toujours en fermentation, se soulève : pâtres, laboureurs, citadins, seigneurs même suivent le mouvement, et le puissant comte de Toulouse, Raymond VI, par haine du clergé qui le prend de trop haut avec lui, se déclare pour les Albigeois.

Ce fut une nouvelle bagaudie. Il y avait loin de ces affirmations révolutionnaires à la casuistique raffinée des conciles et des hérésiarques. Combattre toute délégation d'autorité divine, c'était saper le principe, gouvernemental dans sa racine et reprendre ce mot d'ordre du Gaulonite : « N'appelez personne votre maître ! » c'était proclamer le droit de tous les êtres humains à la vie libre et heureuse.

À ce réveil du christianisme populaire, le christianisme pontifical jette feu et flammes. Les croisades pour la Palestine commençaient

CHAPITRE VIII

à manquer d'amateurs : c'était trop loin et trop périlleux ; une croisade contre les anarchistes trouva, dit-on, cinq cent mille guerriers, le plus grand nombre volontaires.

La lutte dura un quart de siècle, avec des intermittences, tantôt les croisés refoulant devant eux des masses sans cohésion, souvent sans armes, faisant des exemples effroyables, tantôt les Albigeois lassant l'ennemi, coupant ses communications, ses vivres, reprenant les places précédemment perdues, incendiant châteaux et monastères. Quelquefois catholiques et hérétiques se trouvaient mêlés dans les villes prises : « Tuez tout, s'écriaient les croisés par la bouche de l'abbé de Citeaux, Dieu connaît ceux qui sont à lui. »

À la fin, l'armée de l'ordre l'emporta : triomphe éphémère qui ne devait pas empêcher l'incendie de se rallumer !

Car, désormais, l'impulsion est donnée : pastoureaux de France, statindgs d'Allemagne, paterini d'Italie, qui se soulèveront au cours de la suivante génération, n'auront, en réalité, qu'un but à travers le fatras théologique dont ils obscurcissent leurs revendications : le retour au christianisme primitif.

L'Église, qui sent qu'elle ne peut remonter le cours des âges, se fait un rempart de l'Inquisition : au bûcher tous ceux qui oseront penser et communiquer leurs idées ! au bûcher les hérétiques qui ne s'inclineront pas devant le dogme ! Le temps des holocaustes humains à Moloch et Teutatès semble revenu : la foule affolée, qui sent renaître en elle son origine animale, hume le parfum des grillades chrétiennes. N'importe ! un fait se dégage, clair, incontestable : l'Église approche de son déclin, car la foi populaire ne lui est plus une arme suffisante ; elle se subordonne à l'État en lui demandant appui, elle en arrive à la défensive, défensive féroce, redoutable, mais défensive quand même.

L'Inquisition ne la préservera pas de Wicleff, qui condamne la papauté et raille la confession ; elle ne la sauvera pas de Jean Huss et de Jérôme de Prague qui, sur le bûcher, en appellent à Jésus des crimes de son vicaire, ni des paysans de Bohême qui, avec Ziska, criant : « la coupe au peuple ! » — la coupe, c'est-à-dire non seulement celle emblématique de l'Eucharistie, mais surtout celle du bien-être, — font une guerre à mort aux châteaux, aux églises, aux couvents.

Charles Malato

Elle ne la délivrera pas de Luther qui, fulminant contre les indulgences, les sacrements, le célibat ecclésiastique, sape du haut en bas l'organisation religieuse. Vainement, les bulles succèdent aux anathèmes, l'heure est venue où l'arbre pourri va s'abattre : le sang des hérétiques martyrs a fructifié.

Et ce mouvement, qui secoue tout le XVIᵉ siècle, n'est pas seulement une réforme étroite, limitée aux arguties théologiques, c'est une immense révolution, révolution dans les idées, dans les mœurs, dans la science ! Luther, satirique véhément, Calvin, fanatique austère, ne furent, du moins au début, que les porte-paroles d'une foule lassée d'être courbée sous la férule de Rome. L'esprit d'indépendance, à la faveur des controverses religieuses, s'était glissé partout : les souverains regimbaient contre le pape, les nobles contre les souverains, les paysans contre les nobles. « S'il m'est permis, déclarait hardiment Luther à son prince, s'il m'est permis, par amour pour la liberté chrétienne, non seulement de mépriser, mais même de fouler aux pieds les décrets des papes et les canons des conciles, pensez-vous que je respecte assez vos ordres pour les regarder comme des lois ? ». Toutes les révoltes futures étaient contenues en germe là-dedans.

À côté des croyants qui voulaient adorer Dieu à leur guise, des prêtres qui voulaient se marier et des seigneurs qui voulaient être débarrassés de la gent monastique, des masses plébéiennes, animées par le souffle du siècle, frémissaient aux accents de tribuns enthousiastes prêchant la liberté et le communisme sous une forme mystique.

Toutes les forces sociales entrèrent en lutte contre l'autorité. Henri VIII, ce royal Barbe-bleue, enlevant d'un coup de volonté l'Angleterre au pape, fraya la voie à la révolution puritaine de 1648. Zwingle, homme d'action, surgissant derrière Luther, homme de théorie, et soulevant les républicains suisses contre le vieux culte, voyait se dresser derrière lui les anabaptistes Stork et Munzer, qui, à la tête de leurs paysans allemands, semblaient animés de l'esprit exterminateur de Jean Ziska.

La guerre des anabaptistes, dont un écrivain consciencieux, Alexandre Weill, a retracé les phases, fut le plus formidable mouvement des masses plébéiennes à partir du XVIᵉ siècle jusqu'à

CHAPITRE VIII

la grande révolution. Le calvinisme, étroitement dogmatique à Genève, se montra, en France, très aristocratique, affaire de mode et d'intrigues, à ce point que le catholicisme menacé put faire appel pour sa défense à la démocratie naissante ; la république anglaise demeura froidement puritaine ; les révolutions des Flandres furent avant tout politiques et nationales, mais les mystiques communistes qui, en Westphalie et en Souabe, inaugurèrent *le règne de Dieu,* embrassèrent toute l'humanité dans un élan de foi et d'amour.

Condamnant toute autorité, proclamant l'égalité humaine, prêchant la communauté des biens, les anabaptistes ont été, à bien des points de vue, les précurseurs des modernes anarchistes. Luther, qu'ils dépassaient furieusement, s'efforça de les entraver : il n'avait voulu qu'une réforme religieuse et c'était une révolution sociale qui grondait. Si le pape eût consenti à lui tendre la main, nul doute que le moine rebelle aurait renié le passé et conclu la paix avec Rome. « Il y a des moments, écrivait-il, où je me demande à moi-même s'il n'aurait pas mieux valu conserver la papauté avec tous ses abus que de voir ces horreurs et ces révolutions. »

Éternelle palinodie des tribuns de la première heure qui, enflés par le vent du succès, oublient bientôt le peuple au nom duquel ils parlaient et n'ont plus d'efforts que pour enrayer la révolution à laquelle ils ont ouvert la voie ! Palinodie qui sera celle de Mirabeau ! Luther, après l'écrasement des premiers anabaptistes, à Frankenhausen, tourna de plus en plus à droite, se faisant tout petit pour trouver grâce devant la réaction furieuse. « Ils sont sortis de nous, s'écriait-il lâchement, mais ils n'étaient pas des nôtres ; ce n'est pas la faute du froment si l'ivraie en sort. » Son disciple, Mélanchton, que la peur rendait féroce, surenchérissait et demandait des supplices : « Pas de ménagements pour ces impies, ces anarchistes ! il faut absolument les extirper par le glaive, le feu et l'eau. »

Cette histoire est de toutes les époques ; c'est celle des consuls romains foulant la plèbe après avoir chassé les rois, de Robespierre envoyant les Hébertistes à la guillotine, des bourgeois démocrates mitraillant le peuple en juin 1848 et en mai 1871 ; c'est celle des socialistes autoritaires d'aujourd'hui, néo-jacobins qui se préparent à escamoter l'avenir à leur profit en poursuivant de leurs

Charles Malato

calomnies et en assassinant, si les circonstances le leur permettent, les anarchistes qui veulent donner à la révolution imminente toute son ampleur.

Dix ans se passent : le sang des hérétiques vaincus a fécondé le sol ; sous la double action des idées qui se propagent et de la misère qui s'accroît, la révolte renaît, enthousiaste d'abord, furieuse ensuite. « Vive le Christ émancipateur du peuple et mort aux papistes ! » Les Luthériens effarés, intriguent : « Mort aux Luthériens ! » ces alliés des nobles, ces réactionnaires, ces faux-frères !

La ville de Munster, théâtre des prédications enthousiastes de Jean Mathiesen, devint le foyer du mouvement. Comme Albi, comme Prague, elle fut la nouvelle Sion, avec ses prophètes, ses juges et le peuple divisé en douze tribus. Plagiat, dont ne doivent pas sourire les modernes jacobins qui rêvent de rééditer la Convention nationale et le Comité de salut public !

Tout fut mis en commun jusqu'aux femmes, tous les livres furent brûlés excepté la Bible, tout devint chaire et tribune, tout, sauf les églises saccagées, et, dans la ville investie par l'évêque et les princes, désertée par les riches bourgeois, régna une fraternité farouche. Si, au cours du siège, à mesure que les événements se précipitaient, les meneurs, grisés et croyant ainsi fixer la fortune, furent amenés à s'affubler de dignités pompeuses et de titres retentissants, le sentiment profond d'égalité qui animait la masse des révolutionnaire n'en fut pas détruit. Ce fut le 24 juin 1535 que les assiégeants, guidés par un traître, escaladèrent les murailles : une fois de plus, le fer et la torche eurent raison des ennemis de l'ordre !

Le communisme mystique des anabaptistes devait succomber. Partant de la révélation divine qu'ils déclaraient permanente et non de la science naturelle qu'ils méconnaissaient, ils tombèrent, libres-penseurs au début, dans la foi irraisonnée. Leur triomphe, s'ils eussent vaincu, eût peut-être, pour des siècles, donné un nouvel aliment à la ferveur populaire et consolidé l'édifice religieux sur une base plus résistante que la papauté croulant de vétusté. Rien ne devient, à la longue, plus oppressif que ces religions ou ces philosophies entées sur un idéal absolu : le fanatisme et l'intolérance en découlent tout naturellement, de sorte que, parties

CHAPITRE VIII

d'un principe élevé, et après avoir fait sonner les mots de liberté et de dignité, elles finissent par tuer toute dignité, toute liberté en englobant dans un impitoyable anathème libres-penseurs et partisans du vieux culte.

Telle qu'elle fut, la guerre des anabaptistes n'en demeure pas moins le mouvement le plus profondément *social* jusqu'à la révolution française. Et si la réforme, désormais châtrée, réduite à une querelle théologique, peut prendre pied en Allemagne et en Suède, faire germer en Angleterre la révolution républicaine de 1648, ce fut uniquement grâce aux *enragés,* aux anarchistes de Frankenhausen et de Munster. Ceux-là atterrèrent l'ennemi dont tous les coups se concentrèrent sur eux ; pendant ce temps, les autres, les timides réformistes, eurent le loisir de respirer un peu, de recruter nombre de libéraux *juste-milieu* et gagner du terrain. Tant il est vrai qu'une révolution ne peut-être assez profonde et qu'une idée ne pénètre violemment dans les cerveaux alourdis que lorsqu'elle est talonnée par une autre idée encore plus avancée !

Loyola, qui sent craquer l'église comme un vaisseau désemparé, l'entoure d'une milice redoutable, milice qui fera trembler les princes et dont le général deviendra le rival du pape. Les jésuites partent pour la conquête du monde.

Le christianisme avait triomphé par ses missionnaires propagandistes. Comme, de nos jours, le socialisme, il fut international : une chaîne mystérieuse partait de Rome aux extrémités de l'univers.

Très clairement, Loyola, François Xavier, Lainez, les fondateurs des Jésuites, virent qu'on allait briser la chaîne et ils recréèrent, en le disciplinant, le mouvement de propagande interrompu depuis trois siècles. Nouveaux Protées, ils revêtirent toutes formes : casuistes, robins, professeurs, médecins, généraux, ministres, derviches en Turquie, fakirs dans l'Inde et mandarins en Chine, mettant Machiavel en action à la plus grande gloire de Dieu. En Angleterre, ils livrèrent une lutte désespérée aux protestants, mais il était trop tard pour déloger l'hérésie victorieusement installée au pouvoir ; ils furent plus heureux en France.

En même temps qu'ils s'efforçaient de ressaisir l'ancien monde, ils créaient des débouchés dans le nouveau, donnant à Rome

Charles Malato

des millions de sujets Asiatiques et Américains. Sentant mieux que tous combien l'argent était le nerf de la guerre moderne, ils mettaient la main sur d'incalculables trésors : mines, pêcheries, cultures, tout leur était bon. De là l'acharnement des grandes guerres du XVIIe siècle entre pays catholiques et protestants : la lutte religieuse et politique se compliquait d'une lutte commerciale.

Mais les continuateurs de Loyola ont beau faire : l'Église est blessée à mort depuis que la ferveur populaire ne la soutient plus. La foi, qui s'implante en Amérique à la lueur des bûchers, s'éteint en Europe : pas plus les galions que les autodafé ne sauront avoir raison de l'idée.

L'idée ! elle jaillit du cours même des choses et du choc des événements. Les guerres acharnés entre catholiques et protestants marquent la décadence irrémédiable de la papauté sans améliorer la situation matérielle du peuple qui devient de plus en plus sceptique et, revenu de tous ces sauveurs, Guise ou Coligny, Montmorency, de Retz ou Condé, cherche son salut en dehors de l'idée religieuse. Jésus et Satan commencent à le trouver froid, mais les déductions des philosophes glissent sur lui sans l'entamer : son cerveau, déprimé par des siècles de servage, est rebelle aux syllogismes. Le spectacle des faits sera autrement efficace que les abstractions.

D'ailleurs, est-ce pour le peuple que Descartes raisonne et que Bacon ébauche en philosophie la méthode expérimentale ? Et, plus tard, il faudra voir avec quel mépris Voltaire parle de « la canaille qui n'a que ses bras pour vivre ! » Philosophes, jansénistes, *libertins* gravitent dans des sphères plus élevées, entre la noblesse qui les caresse comme des animaux rares, et la bourgeoisie qui les admire.

En face du Gesù qui fait rage et se multiplie, s'élabore une autre association non moins mystérieuse, non moins active, destinée à devenir sa grande rivale. Inspirée à la fois du vieux mysticisme et des nouvelles tendances humanitaires, la Franc-Maçonnerie pousse des racines en Allemagne, en Angleterre, en France, en Italie. D'association corporative qu'elle était au début, elle s'enfle démesurément au souffle des rabbins juifs et des docteurs protestants : elle va devenir une société politique, une arme de

CHAPITRE VIII

combat ; par elle, le cri de vengeance des Albigeois vaincus, des Anabaptistes massacrés, des penseurs livrés au bûcher, arrive aux générations nouvelles.

Cela est indéniable : la Franc-Maçonnerie, aujourd'hui figée dans ses rites caducs et condamnée à mourir parce qu'elle a usé ses forces dans son triomphe, eut son heure révolutionnaire. « Une association d'hommes marchant invariablement vers un certain but, a dit Joseph de Maistre, ne peut, s'il n'y a pas moyen de l'anéantir, être combattue et réprimée que par une association contraire. » Au XVIIIᵉ siècle, la Maçonnerie croise le fer avec le Gesù et entame dans les ténèbres ce duel qui dure encore. Chose remarquable, ce fut un élève des Jésuites, Weishaupt d'Ingolstadt, qui porta à ses anciens maîtres les premières bottes.

À ces époques de noir absolutisme, on ne pouvait guère penser, — et encore avec quelles précautions ! — que dans les sociétés secrètes : de là vint l'importance, le nombre de ces dernières et aussi leurs cérémonies bizarres, véritables trompe-l'œil. Les associations maçonniques, imbues, surtout en Angleterre, du vieil esprit religieux et monarchique, vivotaient assez paisiblement, quand Weishaupt vint leur communiquer, avec une énergique impulsion, une orientation nouvelle en créant la secte des Illuminés qui oppose, — quelle audace ! — l'autonomie de la raison (aufklœrung) à l'inspiration divine.

Dès lors, une activité inconnue se manifeste. L'axiome des jésuites : « la fin justifie les moyens » est retourné contre eux par leur ancien disciple. En 1778, les Illuminés s'allient aux associations maçonniques qu'ils ne tardent pas à diriger complètement. La secte a des grades honorifiques pour les vaniteux, de sages maximes pour les philosophes, des missions vengeresses pour les enthousiastes ; aussi étend-elle de plus en plus ses ramifications, s'agrège-t-elle peu à peu des représentants de toutes les classes sociales et cela se meut sous l'inspiration de quelques grands chefs occultes.

Des ducs, des princes affiliés à l'association serviront de couverture ; nombre d'entre eux parviendront aux plus hauts grades sans jamais connaître le vrai but poursuivi.

À côté de ces recrues aristocratiques, puissantes par leurs richesses et leur influence, on cultive les médecins qui pénètrent partout, les

Charles Malato

avocats habiles à manier la parole, les imprimeurs, les libraires, les écrivains. C'est une véritable Internationale qui se forma contre une autre Internationale, celle du Gesù, dont le centre est à Rome : dans les États hostiles, fermés les uns aux autres, les francs-maçons servent de fils conducteurs à une immense propagande : ces fils se nouent, se resserrent, emprisonnant les souverains eux-mêmes.

Voici la profession de foi formulée par Weishaupt : « Réunion, en vue d'un intérêt élevé et par un lien durable, des hommes instruits de toutes les parties du globe, de toutes les classes et de toutes les religions, malgré la diversité de leurs opinions et de leurs passions ; leur faire aimer cet intérêt et ce lien au point que, réunis ou séparés, ils agissent tous comme un seul individu, qu'en dépit de leurs différentes positions sociales, ils se traitent réciproquement comme égaux et qu'ils fassent spontanément et par conviction ce qu'on n'a pu faire exécuter par aucune contrainte depuis que le monde et les hommes existent, voilà ce qu'il s'agit de réaliser. »

Les précautions prises par les disciples de Weishaupt montrent combien ils avaient conscience de poursuivre une œuvre révolutionnaire. Les Illuminés dissimulaient leur individualité sous des noms de personnages antiques, les seuls figurant dans les correspondances ; ils ne s'écrivaient que par signes cabalistiques ou caractères de convention et, aussitôt arrivées à destination, les lettres étaient détruites.

Ces mystiques lutteurs n'ont pas *organisé* la révolution de 1789, comme l'ont prétendu quelques écrivains cléricaux égarés par leur fanatisme : il n'est pas au pouvoir d'un homme ni d'une secte de commander une transformation sociale aussi complexe. L'activité des individus se manifeste dans des mouvements de moindre importance qui, selon les temps et les milieux, s'unifient ou se perdent isolés. Mais, ces enthousiastes adversaires de l'absolutisme ont certainement contribué à créer des situations, à travailler les esprits, à jeter, en un mot, dans les profondeurs de la masse quelques-uns des germes qui, recueillis et fécondés, s'épanouirent plus tard en gerbes vigoureuses.

Les puissants aiment qu'on leur dresse de belles généalogies : la Franc-Maçonnerie victorieuse a fait remonter son origine au temps de Salomon. Des écrivains l'ont apparentée aux sociétés

CHAPITRE VIII

occultes qui, en Égypte et en Grèce, célébraient les mystères d'Isis et de Cérès ; les légendes se sont multipliées.

La vérité est qu'à toute époque, la lutte contre la tyrannie enfanta des sociétés secrètes voilant leur action et leur but sous des formes extérieures plus ou moins bizarres. La crédulité publique rattacha en un vaste faisceau ces associations engendrées par la même cause mais totalement indépendantes les unes des autres, et la Franc-Maçonnerie, plus en vue parce que plus moderne, devint pour les esprits superficiels la société mère et inspiratrice.

S'il faut, dans les groupements maçonniques, ouvriers au début, politiques ensuite, démêler l'origine d'une idée religieuse distincte, combien n'est-il pas plus naturel de rattacher cette idée au christianisme primitif ! Ces *frères,* complotant avec mystère dans des refuges souterrains, n'étaient-ils pas les continuateurs directs des disciples de Jésus, mystiques égalitaires comme eux, se dissimulant dans les catacombes romaines pour y entendre les exhortations de leurs chefs spirituels et y concerter leur action contre la société païenne ? Comme, aussi, ils ont été les pères des modernes carbonari, conspirant dans les caves et, devant l'image du crucifié, fils du peuple, jurant sur leur poignard de frapper au nom de la liberté.

Les sociétés secrètes connexes à la Franc-Maçonnerie ne s'éteignirent pas avec la révolution qu'elles avaient contribué à déchaîner. Le XIXe siècle, à son début, les retrouva debout et agissantes, principalement en France, en Allemagne, en Italie et en Espagne.

CHAPITRE IX
LE LIVRE

Aux différentes époques de la civilisation, le génie d'une race ou d'une nation se reflète dans un livre synthétisant son histoire guerrière et religieuse, ses mœurs, ses tendances.

Les Grecs avaient eu l'Illiade. Dans ces harmonieux hexamètres, évoquant les chocs d'armures étincelantes, les hécatombes empourprant le blanc portique des temples, les combats de dieux, les colères de rois, les déploiements de trirèmes sur la mer bleue, vivait l'esprit des Hellènes, poètes, guerriers et navigateurs.

Les Hindous eurent leur grande épopée nationale et religieuse dans l'admirable Ramayanâ. Les deux poèmes offrent de nombreuses ressemblances et un fonds commun : enlèvement d'une princesse, guerre et châtiment des ravisseurs. Rien n'est plus simple : outre que les peuples traversent les mêmes phases de jeunesse, Grecs et Hindous n'étaient-ils point les deux rameaux d'une même race ?

Les Perses, amoureux d'allégories et avides de spéculations métaphysiques, élucubrèrent le Zend-Avesta. Frappés du dualisme qui semble se manifester dans tous les actes de la nature, ils divinisèrent deux forces : l'une bonne (Ormuz), l'autre mauvaise (Ahrimane), avec une puissance médiatrice (Mithra), devant à la fin les rapprocher par l'amour.

Comment méconnaître, dans ces légendes sacrées, l'embryon des croyances qui, s'entant sur la vieille Bible hébraïque, constituèrent peu à peu le christianisme ? Qu'on remplace Ormuz par Jéhovah, Ahrimane par Satan, Mithra par Jésus, il ne reste plus que des différences accessoires.

Pour les peuples sémites, durs, austères, empreints de cette mélancolie qui se dégage du sol désolé de la Judée, il fallut un dieu fait à leur image, jaloux, vindicatif, étroitement chauvin. Ce dieu fut celui d'Israël jusqu'au jour où, au contact des races, un commencement de fusion naquit entre les idées de Zoroastre, de Moïse et de Platon.

D'où, la contradiction qui se manifeste entre les deux parties de la Bible, entre l'Ancien Testament et le Nouveau.

Un tout aussi heurté ne pouvait convenir à la nouvelle société, différente de sa précédente par les idées et les mœurs : le Nouveau Testament, c'est-à-dire l'Évangile, devint le livre par excellence des chrétiens.

Livre bizarre, cependant, et plein de décousu car les vieilles idées mosaïstes ont pénétré malgré eux les sectateurs de Jésus. Dans l'Évangile, le sentiment élimine toute raison. Meurtrie, brisée par l'âpre société romaine, l'âme s'y répand, tantôt en violentes imprécations, derniers échos des grandes révoltes vaincues, tantôt en plaintes timides semblables aux gémissements des captifs dans l'ergatusle. Sorties contre les riches, rappels à la dignité,

CHAPITRE IX

exhortations à la lâcheté : la joue gauche tendue aux soufflets après la joue droite tout y est.

Cette jeune Bible fut, comme l'ancienne, échafaudée avec des fragments de légendes et plus d'une fois remaniée. Des contradictions flagrantes existent entre les récits des quatre auteurs présumés : Luc, Marc, Jean, Mathieu. Les Évangiles attribués aux trois premiers étaient écrits en langue grecque ; ceux de Mathieu, seuls, en langue hébraïque. Au IVe siècle, la Bible entière fut traduite en latin par Jérôme. Combien le fonds primitif ne dût-il pas être altéré par tous ces changements de forme !

Ce fut surtout après le concile de Nicée que l'Évangile devint le livre des chrétiens, prêtres et laïques. Pour les Barbares ignorants ou crédules, c'était le grimoire magique guérissant les maux de l'âme, peut-être ceux du corps et, lorsque le colosse romain eut roulé dans la poussière, que les seuls restés maîtres de la science forent les prêtres, plus que jamais ces intermédiaires entre le ciel et l'homme parurent au peuple investis d'une puissance surnaturelle.

Qu'on feuillette les vieux romans de chevalerie, qu'on repasse les légendes carlovingiennes, partout on trouvera le prêtre : ici devin (devin, divin n'ont-ils pas même étymologie *divinus ?*) ; là, médecin, guérissant de la parole ou du geste les blessures les plus effroyables ; ailleurs, conseiller prudent, comme l'archevêque Turpin, ou roi, comme le prêtre Jean, ce mythe fameux dans tout le moyen âge.

C'est moins un homme que le peuple entier qui, à un moment psychologique, condense sa vie et ses aspirations dans un livre fait à son image : l'écrivain reproduit surtout sous une forme personnelle des idées collectives ; tout au plus, est-il l'ouvrier qui choisit dans des matériaux épars. Le livre, à son tour, résumant l'esprit et les mœurs d'une époque qui s'éloigne chaque jour, tend à perpétuer la domination du passé sur les générations suivantes jusqu'au jour où le sentiment de révolte et de progrès, qui a couvé dans une élite de plus en plus nombreuse, trouve sa formule dans un nouveau livre.

Le Coran en est un exemple frappant. Rameau détaché du tronc sémitique, le peuple arabe a mélangé aux vieilles légendes bibliques, les croyances des chrétiens et des sabéistes qui l'entourent. Ce qui

Charles Malato

ne s'amalgame pas au tempérament de ces natures de feu, à la fois contemplatives et sensuelles, est éliminé et, lorsque le travail d'assimilation se trouve déjà aux trois quarts terminé, un homme paraît, qui codifiera le tout en préceptes religieux. Mahomet fut réellement inspiré, non par un ange, mais par l'esprit de ses contemporains. Tous ceux auxquels répugnait l'austérité de la Bible ou l'humilité du christianisme, — et ils étaient nombreux ! allèrent à lui ; l'évolution des esprits a ainsi frayé les voies à une immense révolution politique et religieuse, et le peuple arabe, qui se retrouve en son prophète, se précipite derrière lui à la conquête des lambeaux détachés de l'empire romain. La plus grande partie du littoral méditerranéen tombe au pouvoir de ces convertisseurs à main armée, en qui semble revivre l'esprit des Sémites qui, sous les murs de Jérusalem, combattirent les Titus et les Adrien. Là seulement où les races du Nord se sont fortement implantées, l'Islam recule : ces éléments hétérogènes luttent entre eux sans pouvoir s'assimiler.

Jusqu'au XVe siècle, l'Évangile lu et commenté par l'homme d'Église, — le peuple ne savait pas lire, — régna sur l'Europe, infiltrant au sein des masses l'esprit de foi et de résignation. Peu à peu, cependant, la curiosité s'éveille : de doctes esprits voudraient remonter aux origines et, lorsque des Allemands inventent l'imprimerie, le premier ouvrage tiré est la Bible, c'est-à-dire le livre des chrétiens précédé du livre des Juifs.

La compression des cerveaux avait été telle, en effet, que quel que fût le dégoût du présent, on n'osait combattre ce présent qu'au nom du passé. C'est avec les livres saints eux-mêmes qu'on attaquera la papauté, criminelle, selon Luther, d'avoir falsifié la parole de Jésus : les textes sont analysés, torturés, tronqués, selon les besoins de la cause ; les citations pleuvent. Seuls, les Anabaptistes, tout en exigeant le retour à l'égalité communiste des premiers chrétiens, remplacent l'autorité de la Bible qui a fait son temps, déclare Munzer, pur l'inspiration divine permanente et manifestable chez tous. Inspiration divine ou initiative humaine, peu importe le nom ; sous une forme mystique, c'est le premier effort tenté pour secouer le joug de la tradition.

À partir de ce moment, une tendance nouvelle se manifeste : les esprits, quelle que soit l'acuité des guerres religieuses,

CHAPITRE IX

s'affranchissent de plus en plus du verbe sacré : la pensée jaillit de partout et, à mesure que les livres se multiplient, l'homme cesse d'être l'esclave d'un seul livre. En proclamant la liberté d'interpréter individuellement la Bible, les réformateurs avaient ouvert la voie de recherches et d'examen où la philosophie devait apparaître à la suite de la théologie. Le mouvement se prolonge sur deux lignes divergentes, deux grandes écoles se partagent le monde.

L'une, avec Descartes en France, Bacon en Angleterre, Leibnitz en Allemagne, puis Kant, puis Fichte, partant de l'expérimentation, mais quittant insensiblement ce terrain solide, pour aboutir à la seule raison pure, analyse, déduit, enchaîne les abstractions et, tendant à remplacer le fait par l'hypothèse, reconstruit un monde idéal, montrant ainsi comment se créent les religions spiritualistes. L'autre, moins transcendentale mais plus précise, profondément humaine surtout, élève un temple à la seule nature. Rabelais ose réhabiliter cette grande méconnue. Dans un livre que sa génération ne comprendra guère, il bafoue l'autorité la plus despotique, celle du dogme ; fouaille avec un large bon sens bien gaulois, papegault, cardingaults, évesgaults, chats-fourrés, cuistres, batailleurs, hypocrites et, dans sa Thélême, ébauche du phalanstère de Fourier, proclame la formule anarchiste : « Fais ce que veulx. »

Le mérite de Rabelais fut de s'inspirer de lui-même, de sa joyeuse et puissante individualité qu'il sentait participer à la vie universelle. Presque tous ses devanciers n'avaient eu qu'un art : *bien copier* : il osa voir, entendre, sentir, il osa fidèlement traduire les besoins de liberté et de bien-être inhérents à la nature humaine, besoins que les civilisations les plus raffinées, les institutions, les lois n'ont pu étouffer complètement et qui, après avoir été longuement comprimés, explosent, à certaines périodes sociales, avec une force terrible.

Avec lui, est né le panthéisme à tendances matérialistes, qui emplira les xviiie et xixe siècles, pénétrant les métaphysiciens eux-mêmes, par Spinoza, par Gœthe, par Hegel. Ah ! cette nature si longtemps niée, combattue, outragée, comme elle prendra sa revanche ! Ou l'avait proscrite au nom de Dieu, l'être fantasque cruellement illogique : à son tour, elle chassera Dieu.

Incomprises à son époque, les idées de Rabelais ne sont pas perdues,

Charles Malato

elles tombent dans un terrain que labourera le soc des guerres religieuses : elles germent et l'auteur de *Gargantua* ressuscite sous les traits de La Fontaine pour crier : « Notre ennemi, c'est notre maître ! » pour, mettant en scène les animaux, censurer en eux sans péril nos travers et nos vices, souvent nos institutions ; bien plus, les voilà rattachés à la vie commune ces *frères inférieurs* avec lesquels Lamarck et Darwin établiront plus tard notre incontestable parenté. Puis, voici Helvétius qui paraît, Helvétius qui, au grand scandale des spiritualistes, proclame le monde tel qu'il est : l'homme est un être sensitif ; l'égotisme, sous quelque forme que ce soit, est le vrai mobile de nos actes ; la probité est l'habitude des actions utiles à la société ; l'homme bon est celui qui se solidarise avec ses semblables ; l'univers moral est soumis aux lois de l'intérêt comme l'univers physique aux lois du mouvement ; la société peut vivre sans Dieu. Aussi, quel déchaînement contre « cet homme qui, crie madame de Boufflers, a dit le secret de tout le monde ! » Le clergé et la Sorbonne fulminent, le Parlement menace : l'auteur du livre de l'*Esprit,* effrayé, se rétracte : le trait n'en est pas moins parti.

Après lui, Buffon, dans un style noble, décrit la nature immense, universelle, en laquelle tous les êtres vivent, se dissolvent, se transforment, où rien ne se crée, rien ne s'anéantit, où tout se renouvelle. Perpétuellement tiraillé entre les divagations métaphysiques de son époque et les réalités que la science lui dévoile, il proclame d'un côté l'unité du type physique déterminé, d'après lui, par des *moules intérieurs,* analogues aux archétypes du platonicisme ; d'un autre côté, il affirme la variabilité des espèces sous l'influence des temps et des milieux. Théorie grosse de conséquences et qui, magnifiquement reprise par Lamarck et Darwin, deviendra, de nos jours, celle de l'*évolution.*

Les dépassant tous, s'élève Diderot, — Diderot, nature bouillonnante qui, mieux que Voltaire, mieux que Rousseau, comprendra la vie universelle, l'homme partie non plus isolée mais intégrante de l'univers. Sous son impulsion, un livre s'élabore, qui dominera toute la génération d'alors : l'*Encyclopédie.*

Œuvre autrement féconde que les quintessences cartésiennes ! Arts, sciences, métiers, politique, philosophie y sont traités de main de maître : les matériaux abondent. Diderot, observateur fidèle, pénètre partout où il y a étude à faire ; de lui surtout, date

CHAPITRE IX

l'observation vraie, vécue, le réalisme documenté qui, étouffé plus tard sous le retour temporaire des vieilles formes classiques ou sous le débordement romantique, a reparu de nos jours avec Balzac, avec Dickens, avec Zola dans le roman, avec Lamarck, Darwin, Vogt, Reclus dans les sciences naturelles, avec Büchner et Moleschott dans la philosophie.

Princes et prêtres ne s'y trompèrent pas : malgré les réticences dont les encyclopédistes et principalement le prudent d'Alembert [39], voilaient leur pensée, ils comprirent que ce livre allait devenir l'Évangile d'une génération nouvelle, affamée de science et lasse de s'endormir au bercement monotone des légendes religieuses. Ils le proscrivirent : en le proscrivant, ils firent l'aveu de sa puissance et de leur faiblesse.

Dans les pages de l'Encyclopédie, tout un siècle était contenu. Aujourd'hui, la science matérialiste, prenant possession du globe, en escalade les plus hautes cimes, et que sera-ce quand la science, comme le pain, sera assurée à tous ! L'idée a continué sa marche, nous sommes furieusement loin du déisme de Voltaire ; mais il convient de rendre justice à ceux qui, luttant non sans périls contre la routine et l'absolutisme, ont ouvert à l'humanité devenue consciente les voies du progrès sans limites.

CHAPITRE X
RÉVOLUTION FRANÇAISE. — BABEUF : ENTRÉE
EN SCÈNE DU SOCIALISME

La vieille société féodale, qui avait duré quinze siècles, s'écroula en 1789 au souffle de l'esprit nouveau.

Héritiers, à leur insu, des grands martyrs hérétiques, Voltaire, Rousseau, ces déistes, Diderot, cet athée, avaient jeté la semence d'une rénovation. Et, tandis que, dans les campagnes, sous le poids des misères accumulées, les petits-fils des Jacques allaient, farouches, par bandes, brûlant les châteaux, pendant les seigneurs, dans les cités, les hommes s'éveillaient à la conscience et à la vie, des idées couraient comme des frissons à la surface du corps social, la genèse d'un monde s'élaborait.

Charles Malato

Huit mois d'émeutes et trois cents insurrections locales précédèrent le coup de foudre du 14 juillet qui, frappant à mort le vieil arbre, fut le signal de la tempête.

La marée des idées et des événements dura cinq années et couvrit tout, découronnant les Tuileries, déracinant les trônes. Puis, comme il y avait eu le flux, il y eut le reflux. Les plus révolutionnaires des novateurs furent guillotinés, les autres pactisèrent avec l'ennemi, les idées se mitigèrent : la fusion entre le monde du passé et celui de l'avenir s'accomplit.

Profitant de la lassitude générale, de l'écrasement des nobles, de l'ignorance du peuple, la classe moyenne, — moyenne en tout, en conceptions, en courage — accapara pouvoir et capitaux ; en un mot, escamota la Révolution.

Certes, on ne peut faire un crime aux hommes d'alors de n'avoir pas prévu l'évolution industrielle et commerciale du siècle qui allait suivre. La science sociale, même de nos jours, est encore trop imparfaite pour permettre d'entrevoir l'avenir autrement que dans ses grandes lignes. Il n'en est pas moins vrai que les représentants du Tiers s'attribuèrent le butin de la victoire avec un égoïsme monstrueux : « Les révolutions qui se sont passées depuis trois ans, écrivait Lepelletier de Saint-Fargeau, ont tout fait pour les autres classes de citoyens, presque rien encore pour la plus nécessaire peut-être, pour les citoyens prolétaires dont la seule propriété est dans le travail. La féodalité est détruite, mais ce n'est pas pour eux ; car ils ne possèdent rien dans les campagnes affranchies. »

Si l'industrialisme gigantesque du XIXe siècle était difficile à prévoir, tout au moins, les législateurs qui s'arrogèrent une autorité plus absolue que celle d'un monarque eussent-ils pu trouver des solutions équitables pour favoriser l'émancipation du prolétariat agricole. La propriété foncière reprise aux seigneurs eût pu être transformée en propriété communale, accessible à tous les paysans. Mais les plus hardis de ces révolutionnaires politiques reculèrent devant une transformation propriétaire ; d'ailleurs, toute la tourbe des agioteurs affluait, agitant des assignats, le nouvel État avait besoin d'argent, et le sol, morcelé à l'infini, fut attribué aux seuls assez riches pour le payer. Les misérables hors d'état d'acheter des biens nationaux devinrent des salariés.

CHAPITRE X

L'ancien régime avait eu deux sortes d'adversaires :

Les idéologues, qui revendiquaient le droit de penser et rêvaient de substituer au dogme du droit divin un contrat social dont ils seraient les rédacteurs ;

Les matérialistes, qui voulaient, avant tout, conquérir le droit à la vie.

Les premiers proclamèrent les Droits de l'Homme, firent et défirent quatre constitutions et entrèrent dans l'histoire drapés en philosophes législateurs.

Les seconds jetèrent bas les nids féodaux, rasèrent les églises, prirent possession du sol, emportèrent la Bastille au 14 juillet, les Tuileries au 10 août, coururent spontanément à la frontière refouler l'invasion monarchique, violèrent la Convention rebelle et ne s'arrêtèrent qu'exténués, décimés, trahis par leurs anciens meneurs devenus leurs maîtres. Toute la grosse besogne de la Révolution a été faite par eux et, pour prix, ils n'ont récolté qu'épithètes ignominieuses.

Le Tiers-État ayant triomphé dans la nation et les avocats dans le Tiers, Robespierre devint le pontife de la Révolution. Il était bien l'homme du moment et de la caste arrivée : assez politique pour surmonter les embûches des partis, assez ferme pour frapper sans pitié à droite et à gauche ; du reste, ignorant tout du peuple. Ces métaphysiciens étatistes ne dépassaient guère l'enceinte de la Convention, tout au plus celle du club des Jacobins où se mijotaient les popularités.

D'autres hommes, vivant plus près des déshérités, virent où était la plaie et, sincèrement, cherchèrent le remède. Jacques Roux, qui conduisait les faubourgs à l'assaut des accapareurs ; Chaumette, Vincent, Hébert, qui rêvaient Commune bonne mère assurant à tous la suffisante vie ; après eux, Babeuf, qui proclama non plus Commune mais Communisme, furent les précurseurs d'une révolution à venir, fille de la première ; de leur sang est né le socialisme moderne. Alors que la masse, enfiévrée par ses tribuns, mourait pour des abstractions, que la religion de la Patrie, des *Droits de l'homme* et des immortels principes, entée sur un vague déisme, disputait la place au vieux culte proscrit, les *enragés* prêchant la satisfaction des besoins matériels et déclarant le riche aussi despote

Charles Malato

que le noble, jetaient les germes de cette révolution prolétarienne dont notre fin de siècle est destinée à accoucher.

Les besoins matériels du peuple, vraiment ils s'en souciaient les idéologues qui répondaient par des déclarations de principes à la clameur des déshérités demandant du pain ! « Âmes de boue qui n'estimez que l'or, je ne veux point toucher à vos trésors, *quelque impure qu'en soit la source !* » déclamait imbécilement Robespierre défendant la propriété, et il ajoutait : « Il s'agit bien plus de rendre la pauvreté honorable que de proscrire l'opulence. » Et tous les puritains du jour, jouisseurs du lendemain, d'applaudir l'incorruptible,

Il y eut, cependant, parmi ces bourgeois quelques hommes de cœur, mais, en général, leur amour des mots les empêcha de voir clair dans les faits : brisant les liens corporatifs, bien lourds à la vérité, ils isolaient le travailleur des villes, livré désormais à la merci de l'exploiteur. Prescrivant le rachat des terres reprises aux seigneurs par les paysans, ils privaient de tout droit à la propriété rurale des millions de prolétaires qui n'avaient pu, comme les robins et les marchands, économiser de gros écus. Le servage économique allait succéder au servage féodal.

Dès le premier jour, les représentants de la bourgeoisie louvoyèrent entre le roi qu'ils voulaient abattre et le peuple qu'ils voulaient évincer. Ce peuple, animalisé par des siècles de servage et aveuglé soudain par la liberté, comme par une lumière trop vive, les épouvantait. Leur écrivain, Taine, l'a comparé à un éléphant pris de rage. Aussi, tous les efforts des nouveaux gouvernants tendirent-ils à maîtriser cette force énorme : pour y arriver, ils édifièrent une nouvelle autorité, celle de la Loi, plus équitable en apparence que celle du monarque absolu, mais mille fois plus tyrannique, car, sourde, aveugle, impersonnelle et, par conséquent, invulnérable, elle frappait le peuple au nom du peuple lui-même.

Voltairiens hypocrites, ils rouvrirent la porte au clergé après l'avoir, pensaient-ils, domestiqué. On se trompe, en croyant que Bonaparte, seul, restaura le catholicisme : Bonaparte, en dépit de ses capacités militaires et de son talent encore plus réel de metteur en scène, ne fut que l'homme de la bourgeoisie tripoteuse et chauvine, chauvine parce que la guerre lui permettait d'agioter et

CHAPITRE X

d'accaparer sans bruit les capitaux. Cette bourgeoisie, lassée des orages révolutionnaires, était trop pratique pour emboîter le pas aux piètres avocats des Conseils. Avide de consolider ses conquêtes, elle s'appuya sur l'épée du premier ambitieux venu. Au fait, qu'était Bonaparte ? un parvenu, lui aussi, affichant bien haut son intention de se faire médiateur entre deux siècles rivaux : comment toute la classe des *juste-milieu* ne l'eût-elle pas suivi ?

On rendit les prêtres, on rouvrit les églises à ce peuple auquel, déclare M. Prudhomme, il faut bien une religion, bon peuple assez naïf pour tout croire et assez patient pour tout supporter, à condition d'être heureux dans l'autre vie sinon dans celle-ci. L'homme de brumaire et du Concordat prononça plus tard le mot juste de la situation : « Quant à moi, je ne vois pas dans la religion le mystère de l'incarnation mais le mystère de l'ordre social ; elle rattache au ciel une idée d'égalité qui empêche que le riche ne soit massacré par le pauvre. »

L'absorption ou, pour mieux dire, l'étouffement de la Révolution française par Bonaparte fut un phénomène à la fois d'ordre politique, économique et moral.

D'ordre politique, — psychologique en même temps, — l'exaltation n'est jamais de longue durée ; le corps social, après d'aussi fortes oscillations, tendait à reprendre son centre de gravité. À l'enthousiasme pour les choses neuves, pour les constitutions, pour les droits, pour la patrie en danger, avait succédé la fatigue des orages révolutionnaires, l'énervement des harangues grandiloquentes, des cérémonies théâtrales, des drames et des comédies parlementaires, la haine des taxes et du maximum pour les commerçants, du cours forcé pour ceux que l'on payait en assignats, des mesures vexatoires pour tous.

« La France, disent les frères de Goncourt (Histoire de la Société française pendant le Directoire), lasse de dieux, de tribuns, de héros, de bourreaux ; lasse de luttes, d'efforts, de cris, d'anathèmes, d'enthousiasmes, de fièvres, d'ivresses, de tempêtes, de triomphes, d'angoisses ; — la France lasse de révolutions, de coups d'État, de constitutions, de législatures, lasse de 10 août, lasse de Thermidor, lasse de prairial, lasse de Fructidor ; — lasse de vaincre, lasse d'être sauvée ; — la France lasse de Belgique soumise, d'Italie conquise, la France à qui toutes les aigles d'Allemagne portées aux Invalides ne feraient pas tourner la tête ! — la France lasse d'escalader le ciel, d'amasser les empires, d'accaparer le monde ; la France assouvie de gloire ; la France brisée, couchée sur un matelas de cadavres, couchée sur un lit de lauriers ; la France épuisée d'hommes, d'argent, de crimes, d'idées, d'éloquence ; — la France, comme Mirabeau mourant, ne demandant aux médecins de ses destinées qu'une chose, une seule chose : — *dormir* », crut, en se jetant dans les bras de Bonaparte, avoir trouvé le repos.

D'ordre économique : la grande lutte industrielle et commerciale commençait. Les liens des vieilles corporations ayant été tranchés, les initiatives purent plus librement surgir et se faire place. Les écrivains comme Drumont, qui voudraient nous ramener au bon vieux temps, feignent de regretter cet emprisonnement du prolétaire dans des corporations fermées, jalouses, ennemies les unes des autres et savamment hiérarchisées. « Il y avait plus de solidarité », gémissent-ils, mais cette solidarité lourde, autoritaire, imposée par des règlements et non par la conscience, était devenue insupportable à tous et, lorsque l'Assemblée constituante abolit jurandes, maîtrises et privilèges corporatifs, un cri de joie s'échappa des poitrines ouvrières.

Seulement, on tomba dans un excès tout opposé, — chose fréquente en temps de révolution. Qu'allait être le développement de l'industrie et du commerce, sinon une grande bataille entre producteurs ? Et, dans cette bataille, les mieux armés, c'est-à-dire les plus intelligents ou les plus riches, allaient fatalement écraser leurs infortunés rivaux. Plus tard, la vapeur, dont on commençait vaguement à entrevoir le rôle immense, devait, annihilant de plus en plus en plus la petite industrie, créer tout un peuple de salariés usant leur vie à édifier pour leurs maîtres des fortunes énormes.

Au point de vue de la production agricole, même phénomène. Les plus perspicaces des conventionnels avaient compris que la Révolution, si profondément paysanne jusqu'en 93, n'aurait de vitalité que si elle assurait à tous ce complément indispensable de la liberté, le bien-être, par la possession d'un capital productif. Et quel capital plus productif que la terre ? Toute une école d'économistes, les physiocrates, avait prêché le retour à cette mère commune, trop négligée pour les grandes villes, ces foyers de corruption physique

CHAPITRE X

et morale.

Mais comment s'effectuerait ce retour à la terre qui, fécondée par un travail opiniâtre, décuplerait de fertilité ? (Jamais le sol, constate Michelet, ne fut mieux travaillé que pendant l'année qui suivit la dépossession des seigneurs). Les plus avancés, obéissant malgré eux à leur rage de pasticher les vieilles formes romaines, rêvaient partage et loi agraire. Avant Babeuf, nul d'entre eux n'osa concevoir un état social où les sources de production rendues communes, c'est-à-dire indivisibles et inaliénables, donneraient à tous les humains la jouissance des produits.

La révolution de 1789 fut, en effet, nettement individualiste. De là, vint le développement intellectuel et aussi l'asservissement économique du prolétariat : l'individu, annihilé pendant des siècles, courbé de par le dogme, de par le roi, de par le seigneur, entravé dans chacun de ses mouvements, fut pris d'une soif immodérée d'expansion : son premier cri fut : « Liberté ! » liberté de penser, liberté aussi d'exploiter ou de se faire exploiter.

Pour effectuer et poursuivre cette exploitation, les nouveaux maîtres, c'est-à-dire les bourgeois possesseurs de capitaux, avaient besoin d'un homme qui maintînt la paix au-dedans, déclarant la révolution terminée et qui imposât par la guerre l'écoulement des produits français sur les marchés européens, en même temps qu'il userait par les conquêtes l'esprit révolutionnaire du peuple.

Et, pendant que les va-nu-pieds qui s'étaient levés pour aller à Jemmapes et à Valmy, frissonnant aux mots de patrie et de liberté, continuaient, rompus par l'habitude, le cerveau obscurci par la fumée des batailles, à suivre le drapeau tricolore dans ses pérégrinations, à Berlin, à Vienne, à Madrid, à Moscou, les détenteurs d'écus, succédant aux agioteurs sur les assignats, accaparaient à vil prix les terres manquant de bras par suite du départ aux armées des ci-devant serfs de la glèbe.

Dans l'ordre moral : ce n'est pas en quelques années qu'un peuple façonné depuis quinze siècles à la servitude, peut secouer le joug de l'atavisme. L'esprit de soumission lui a été transmis dans le sang par ses pères. Jeté hors de ses vieilles habitudes par des événements terribles, il tend à y revenir dès que le moteur qui le faisait agir n'existe plus, semblable au pendule qui, après avoir été violemment

Charles Malato

secoué, tend bientôt à reprendre le cours de ses oscillations isochrones.

Il s'en faut que, dans les étapes de l'humanité, l'évolution morale ait marché de pair avec le progrès des idées. Actuellement, il ne manque pas d'athées qui vont à la messe et de partisans de l'union libre qui se marient : nombre de conservateurs endurcis déclarent, dans l'intimité, que les conceptions socialistes et même anarchistes leur semblent parfaitement justifiées. « Nous ressemblons, a très bien dit un écrivain, à ces Canaques ou à ces Indiens qui, amenés tout enfants dans nos écoles, s'assimilent avec une surprenante facilité les éléments de nos sciences sans pouvoir s'adapter à nos conditions sociales et qu'un irrésistible instinct rappelle à la vie sauvage dès qu'ils ont atteint l'âge d'homme. »

Évolution, révolution, réaction, tel est l'ordre fatal dans lequel l'humanité s'achemine vers le progrès indéfini. Vienne l'heure et, comme dans ces gigantesques marées d'équinoxes, la vague humaine s'élance avec une force irrésistible pour se replier ensuite sur elle-même après avoir balayé tout ce qui pouvait lui faire obstacle.

L'agent le plus actif des révolutions et des réactions a toujours été la femme. Ce fut elle qui reçut et infiltra dans la société païenne le christianisme. Écrasée, soumise aux caprices du maître époux, répudiable lorsqu'elle avait cessé de plaire, esclave du gynécée ou du lupanar, elle avait communiqué à la doctrine nouvelle tous les élans de son âme, toutes les ardeurs de son mysticisme ; enthousiaste et tenace à l'excès, nul ne fut meilleur propagandiste.

Une fois vainqueur, le christianisme se montra ingrat. Au lieu d'élever la femme à la hauteur de l'homme, il se contenta de river sa chaîne en proclamant l'indissolubilité du mariage. C'était tomber d'un excès dans un autre, à une situation instable et humiliante substituer l'esclavage perpétuel. Bon pour la caste princière ces divorces hypocrites que l'Église, toujours accommodante avec les puissances, autorisait sous le nom d'*annulations*. Mais l'épouse du bourgeois ou du rustre était livrée pour toujours à la tyrannie du mâle, vassal au dehors, roi au foyer. Esclave de l'esclave, sur elle pesaient toutes les misères ; qu'on juge si Jacques Bonhomme, bafoué, torturé, rançonné, était assez porté à abuser de sa double

CHAPITRE X

autorité paternelle et maritale.

Maltraitée chez le gueux, domestiquée, mise sous cloche chez le bourgeois et même chez le seigneur jusqu'au XVIe siècle, époque où la Réforme fit pénétrer une lueur d'émancipation, claquemurée au couvent lorsqu'on voulait s'en débarrasser, la femme fut le grand souffre-douleurs du moyen âge. De cette compression, elle sortit broyée au physique et au moral, inerte ou névrosée.

La révolution de 1789, n'en déplaise aux panégyristes bourgeois, fut l'œuvre des passionnés plus que des raisonneurs. Ceux qui prirent la Bastille et rasèrent les nids féodaux étaient gens grossiers, ignorant Rousseau et les encyclopédistes, ne sachant pas lire pour la plupart. Rien ne ressemble moins à un logicien qu'un homme d'action : l'un est tout cerveau, l'autre est tout muscles. Entraînés par la force de la situation, aiguillonnés par la misère, avec l'intuition vague qu'ils avaient des siècles de servitude à venger, les plébéiens se levèrent.

Tout de suite, la femme fut de leur côté : à Montlhéry, pendant la grande disette, ce sont des femmes qui éventrent les sacs de blé à coups de ciseaux. À Paris, ce sont elles qui, en octobre, vont à Versailles chercher *le boulanger*. Et, dans ces journées où la multitude grondante essaie ses forces avant de donner au pouvoir l'assaut définitif, qui donc, apparaissant à la tête des faubourgs, guide l'attaque ? Théroigne. Qui anime la résistance ? Antoinette.

La force d'une révolution peut se mesurer infailliblement à la part qu'y prend la femme. Pendant quatre ans, des salons aux mansardes, elle est pour : et la vague géante, comme obéissant à une invisible magicienne, continue à s'avancer. Quatre-vingt-treize marque la période culminante, le sinistre se mêle de plus en plus à l'héroïque, mais la situation est si grave, il ne faut pas chicaner sur les remèdes à employer et puis l'enthousiasme n'est pas encore usé ! mais 94 multiplie les hécatombes, les fervents de la veille s'exterminent sur les débris du trône renversé. Après la reine, l'Autrichienne détestée, ce sont des jeunes filles inoffensives qu'on immole ou de vieilles folles comme Catherine Théot ; le sentiment populaire se trouble, il va s'indigner : les froids jacobins, qui ont jeté au panier les têtes de ces grands passionnés, remueurs de foules, Danton, Hébert, Clootz, sont perdus. Parfois vaillantes comme

Charlotte Corday, toujours féroces, nobles dames, prostituées ou vendéennes, des créatures charmantes et furieuses bondissent avec des élans de tigresse : malheur à leurs victimes ! jacobines fouettées, sans-culottes assommées, le poignard du bandit et l'épée du ci-devant venant en aide à la guillotine dans sa besogne contre-révolutionnaire, les fougueux tribuns de la veille, captifs, comme Tallien et Barras, de ces séduisants démons, le débordement de toutes les luxures, — ah ! on les avait voulues républicaines et austères, eh ! bien, les voilà dévotes royalistes et courtisanes : c'est l'époque des bas fleurdelysés, des robes de linon, des étoffes transparentes et des poitrines nues : Vénus et Marie liguées contre Marianne. « Le 9 thermidor, a dit Michelet, fut la réaction de la femme. »

C'en est fait : comme un ressort qui, tendu jusqu'au bout, se détend ensuite sans interruption, la contre-révolution poursuit sa marche inexorable. Les unes après les autres, les têtes tombent : têtes de jacobins après têtes d'anarchistes, têtes de modérés, têtes de libéraux, têtes de suspects : la terreur a changé de camp.

Et, c'est à ce moment où la Révolution, délaissée par la masse prolétarienne qu'elle n'a pas su émanciper, semble à l'agonie, qu'une poignée d'hommes complote une révolution autrement profonde. « Du pain et la Constitution de 93 ! » avaient clamé, en prairial 95, cent mille affamés déferlant en houle humaine sur la Convention. Un an plus tard, avec Babeuf, Darthé, Buonarotti, Sylvain Maréchal, le communisme apparaissait, revendiquant non plus un morceau de pain, mais le *tout à tous*.

Babeuf et Darthé payèrent de leur vie ce beau rêve : c'est le sort des novateurs. Mais ce communisme hâtif et basé sur le sentiment plus que sur l'étude une fois vaincu, le torrent d'idées auxquels eux avaient donné passage ne fut pas tari : il filtra dans les profondeurs et s'y creusa un lit : il reparaîtra plus tard. La tentative révolutionnaire des babouvistes eut pour résultat de poser nettement le problème social ; sans eux, qui sait si Fourier, Saint-Simon, Cabet et nombre de penseurs du xixe siècle ne seraient pas passés inaperçus !

CHAPITRE X

CHAPITRE XI
GENÈSE DU SOCIALISME. — LES SYSTÉMATIQUES, LES RÉVOLUTIONNAIRES

Quand la Révolution et la réaction aux prises se furent suffisamment déchirées, Bonaparte, l'homme du juste-milieu, — Prudhomme sous la peau de César ! — survint, poussé par toute sa classe, et leur imposa sa médiation. Pendant quinze ans, le travail des idées, visible ou latent, s'accomplit sous sa surveillance et, quand le maître tomba, renversé par cette bourgeoisie qu'il avait cru conduire, celle-ci, armée de toutes pièces, acclama la restauration, sûre de la diriger ou de la vaincre.

Au fond des plus émouvantes épopées, il y a une querelle de boutiques. La Grèce et Troie, Rome et Carthage, la France et l'Angleterre ne se déchirèrent avec tant d'âpreté que parce que leurs intérêts économiques étaient en jeu. Les chants homériques peuvent nous retracer la majesté d'Atride ou les emportements du fils de Pélée, semblable aux dieux ; derrière les héros argiens, prompts à s'émouvoir pour des enlèvements de reines ou d'esclaves, s'agitait le marchand rapace. De tout temps, le chef d'État a été commis de banquier ou banquier lui-même.

En dépit des mensonges conventionnels des historiens, la lutte à mort de la France et de l'Angleterre pendant la Révolution et le premier Empire fut une guerre commerciale. Le principe monarchique, au fond, elle s'en souciait peu, cette aristocratie britannique, mâtinée de comptoir qui, un demi-siècle auparavant, avait accepté une révolution régicide complétée, quarante ans plus tard, par un coup d'État libérâtre. Qu'importait aux lords la tête de Louis XVI qu'ils eussent peut-être pu sauver ! la restauration des Bourbons n'était que le prétexte d'une immense entreprise financière. Le marché européen serait-il aux produite anglais ou français ? À qui le café, le cacao, la vanille, les épices, le rhum et tous les produits des colonies ? L'Angleterre s'empare de la canne à sucre et la France invente la betterave [40].

Que l'on s'étonne, dès lors, du développement prodigieux que prend l'esprit chauvin et mercantile, sous le couvert de la gloire, de la patrie et des immortels principes de 89 ! Commencée au nom de

Charles Malato

la fraternité universelle, dans les élans d'un sublime enthousiasme, la Révolution aboutit au triomphe d'une caste incarnant le plus effroyable égoïsme. Bien loin sont les traditions chevaleresques de l'ancienne noblesse : *Doit* et *Avoir* ont remplacé *Dieu* et *le Roi* ; tout va très vite, d'ailleurs, car « le temps est de l'argent », déclare l'Anglais pratique, et la vapeur devient l'emblème de cette société, qui durera cent ans comme sa précédente a duré douze siècles. En moins de vingt années, une transformation se fait dans les mœurs, qui eût demandé autrefois des siècles pour s'accomplir. Les boutiquiers enrichis forcent les portes des salons aristocratiques, au grand désespoir des gentilshommes qui ont conservé leur morgue mais perdu leur argent, et une fusion commence à s'accomplir. Plus moyen, pour les héritiers des grands noms, de faire bâtonner ces insolents, laquais hier, égaux aujourd'hui, maîtres demain. « Ah ! marquis de la bourse-plate, grommellent les parvenus en redressant leur échine, je te vaux bien ; moi aussi, j'ai mes armoiries : un million en obligations sur l'État, consciencieusement ramassé dans la bonneterie, gros et détail. » — « Je suis le fils de mes œuvres, dit fièrement tel autre ; je ne dois rien qu'à mon travail, j'ai fait fortune dans les *affaires*. » *Travail — Affaires*, comme ces deux mots jurent ensemble ! Les « affaires », c'est-à-dire l'agiotage sur les biens nationaux, les spéculations de Bourse, la falsification des denrées, les fournitures fictives aux soldats ! Et ces honnêtes travailleurs de se rengorger, et l'épicier du Marais, généreux par orgueil, de taper familièrement sur l'épaule du pauvre noble auquel il s'égale en lui prêtant son argent.

Bientôt, malgré les tenants attardés de l'ancien régime, fantômes égarés dans le XIXᵉ siècle, il n'y aura plus ni aristocratie ni roture, il n'y aura plus que des riches (classe dirigeante) et des pauvres (classe dirigée). À l'exemple du duc de Rochechouart, qui a épousé les millions de mademoiselle Ouvrard, les gentilshommes appauvris recherchent la mésalliance qui leur permettra de redorer leur blason. Et ceux qui voudraient ramener l'humanité à cent ans en arrière, comprenant que la finance est devenue l'âme du monde, se mettent à spéculer fiévreusement. Tandis que, derrière Laffitte, derrière Mallet, derrière Greffulhe, pointent des royautés nouvelles, — celles de Baring à Londres, Sina à Vienne, Stieglitz à Saint-Pétersbourg, Hope à Amsterdam, Rothschild partout, — la

CHAPITRE XI

société de Jésus, rentrée mystérieusement en France et dissimulée sous des noms d'emprunt : *Paccanaristes, Ligoristes, Pères de la Foi*, reprend son rêve d'omnipotence universelle et, pour le réaliser, trafique, agiote, fait bâtir, accapare les héritages, entasse silencieusement des millions dans ses coffres ; la vénalité gagne tout ce qui s'élève au-dessus de la masse : le noble désœuvré vend au cultivateur enrichi sa terre dont il ne sait tirer parti, et trop inintelligent pour tâter de l'industrie, va jouer à la Bourse où il se fait dépouiller par le Juif madré.

Aussi que viennent faire les vieilles traditions dans un pareil monde. Dans les salons mêmes du noble faubourg, on ricane discrètement en se montrant le vieil émigré, ruiné et blanchi au feu des bivouacs vendéens pendant que Monsieur digérait à Vérone. Talleyrand et Fouché ont fait école : le ci-devant, transformé en jacobin sous la Terreur, tourné au bonapartiste sous l'Empire, continue la série de ses avatars : royaliste modéré avec Decazes, ultra avec Villèle, libéral lorsque la bourgeoisie exploitant le mécontentement populaire, consacre son triomphe sur la noblesse au 29 juillet 1830.

Au peuple retombé, après les lumineuses espérances de 92 dans la plus noire réalité, il ne reste que les yeux pour pleurer. Partout misère et ignorance. Les associations ouvrières sont mortes et, seul, n'ayant pour arme que ses bras devant ce colosse, le capital, le travailleur quête un maître auquel il pourra se vendre. Oh ! la vapeur, la machine, la science, comme il maudit tout cela, ce simple, au cerveau inculte, mais qui entrevoit dans son bon sens, en dépit des phraseurs officiels, que cette machine qui se dresse devant lui avec des sifflements de menace et crachant la fumée, c'est l'implacable ennemie qui, ne demandant qu'un peu d'eau et de charbon pour s'alimenter, le chassera de l'atelier et l'enverra mendier dans la rue !

Avec la France et l'Angleterre, l'industrialisme envahit le monde. Une activité inconnue jusqu'alors se manifeste de toutes parts. Pendant que des peuples esclaves de l'étranger ou du roi absolu : Espagne, Italie, Grèce, Belgique s'éveillent aux idées que la Révolution a semées dans l'air, que le continent américain achève de se dégager des derniers langes féodaux, que le clergé, un moment abattu, se réorganise pour enrayer le mouvement démocratique, les grands financiers, rois du jour, fidèles au vieil axiome « diviser pour régner », exploitent sans scrupules la situation. Le despotisme et la révolution passent alternativement à leur caisse et deviennent leurs tributaires. Réactionnaires en France, en Angleterre, en Allemagne, ils se font libéraux en Espagne, en Italie, en Grèce, pays neufs où l'absolutisme paralyse tout essor industriel et où la bourgeoisie, une fois au pouvoir, leur donnera toute licence d'exploiter les masses au nom du peuple lui-même.

Car, à l'exception de quelques disciples survivants de Babeuf, l'élément le plus avancé de la démocratie prêche le respect au capital savamment employé. C'est l'époque où Saint-Simon surgit en prophète et glorifie les capacités. Dans son système, malheur aux infirmes, aux inintelligents ! « la société, proclame-t-il, doit être organisée pour l'avantage du plus grand nombre »... du plus grand nombre, pas de tous. Les banques seront hiérarchisées, centralisées, la finance deviendra l'âme du monde ; enrégimentés sous le sceptre d'un pape industriel, les travailleurs lutteront entre eux, — eh ! les guerres économiques ne sont-elles pas les plus impitoyables de toutes ? — pour obtenir la meilleure rétribution de leurs efforts : *gloire* et *opulence* pour les vainqueurs, *honte* et *misère* pour les vaincus.

Ces théories, audacieuses pour l'époque, mais si différentes des conceptions à la fois plus exactes et, plus généreuses du socialisme actuel, ont eu leur part de réalisation ; la royauté industrielle a tout envahi, tout écrasé ; comme le voulait Saint-Simon, la banque est devenue le pivot autour duquel tourne l'axe social ; enfin, ces *capacitaires* s'appelant Péreire, Michel Chevalier, de Lesseps, disciples enthousiastes du maître, ont atteint *gloire* et *opulence* : la situation misérable du prolétaire n'a pas changé.

Saint-Simon, mystique de génie, qui put, de bonne foi, se croire envoyé du ciel pour régénérer le monde, jeta sa fortune dans la vie pour mieux l'analyser : il mourut pauvre. Ses disciples, pleins d'ardeur et de dévouement au début, glissèrent bientôt dans la plus étrange folie religieuse, s'éloignant, à mesure qu'ils théocratisaient, de ce peuple qu'ils avaient cru émanciper. Une scission se fit : les uns se retirèrent pour devenir, à leur tour, chefs d'école ; les autres, groupés en la maison commune de Ménilmontant,

CHAPITRE XI

vécurent sous la direction d'Enfantin, *père suprême,* jusqu'au jour où le gouvernement, agacé plutôt qu'effrayé par l'agitation peu redoutable de ces sectaires [41], les contraignit à se disperser. Vingt années après, les plus marquants de ces apôtres étaient devenus des privilégiés d'une société dont ils avaient éloquemment flétri l'égoïsme.

Le Saint-Simonisme, qui s'éleva entre le vieux culte mortellement blessé et les aspirations confuses des masses, fut par-dessus tout une religion. « Les ravages de l'anarchie actuelle, déclare-t-il, sont là qui attestent qu'il est temps de fortement réagir. Nous proclamons d'abord la réhabilitation de la chair, l'émancipation de la femme et l'avènement du nouveau christianisme, religion de l'avenir révélée à Saint-Simon. »

De tels dogmes pouvaient étonner, séduire même quelque temps ; ils ne pouvaient pénétrer la masse d'une impression durable. En ces hommes au costume étrange, aux allures sacerdotales, l'ouvrier, quelle que fût sa confiance naïve, saluait des philanthropes bienveillants, il ne reconnaissait pas ses égaux, ses camarades, vivant de sa vie et parlant sa langue. Phénomène bizarre ! la crédulité des foules n'a d'égale que leur scepticisme ; une profonde intuition se révèle à certaines heures chez le même peuple qui, naguère, se courbait, énamouré devant la toge d'un rhéteur ou le cheval de César.

Aux masses, de plus en plus exploitées par un industrialisme sans merci, ces grands mots *amour, réhabilitation de la chair, sanctification de la beauté,* disaient peu de choses et, pour le penseur, n'était-il pas évident que, dans la plus saint-simonienne des sociétés, la *honte* et la *misère,* apanage des moins capables, l'inégalité des conditions et, par dessus tout, le despotisme écrasant de l'État devaient reproduire les vieilles plaies sociales et rendre illusoire toute émancipation ?

Après Saint-Simon, les théoriciens du socialisme pullulent. Chacun croit avoir trouvé la vraie formule : c'est une Babel de systèmes, confusion dont les rétrogrades seuls rient ou se lamentent car cette diversité même de but et de moyens fournit des matériaux à l'avenir. L'élan intellectuel est donné :enthousiastes, prophètes orgueilleux, chercheurs sincères fouillent les profondeurs du passé, interrogent leur époque et, quelle que soit leur doctrine personnelle, proclament que ce qui a été, ce qui est encore, ne doit plus être ; tous arrivent à cette conclusion que formulera plus tard Pierre Leroux, le philosophe humanitaire : « Nous sommes aujourd'hui entre deux mondes : un monde d'inégalité et d'esclavage qui finit, et un monde d'égalité qui commence. »

Époque bizarre ! Cette génération de 1830, enfantée pendant les guerres colossales du premier empire, alors que, d'un bout à l'autre de l'Europe, le bruit du canon faisait frissonner les mères, puis jetée tout d'un coup en pleine restauration, apporta dans une période d'évolution pacifique un quelque chose de nerveux et de troublé, des élans subits avec de profondes désespérances. Phénomène physiologique dont la science seule nous donne le mot et qui est en voie de se manifester chez les jeunes hommes d'aujourd'hui engendrés pendant les affres de l'*Année terrible* : les impressions ressenties par l'organisme si délicat de la mère et transmises au fœtus influeront singulièrement sur la vie cérébrale des nouveaux venus.

Musset, poète autrement humain que Victor Hugo, fut bien le chantre de cette génération névrosée, à la fois incrédule et mystique, glorifiant Voltaire et s'inclinant devant l'image de Jésus, « premier représentant du peuple » déclaraient avec emphase les démocrates idéalistes.

À côté de Saint-Simon, Fourier fait école. Pauvre philosophe, sublime et naïf, qui flétrit comme pas un le commerce voleur, et, pendant vingt ans, mendie un million au philanthrope qui voudra faire l'essai de son système ! « Le mouvement social, écrit-il au lendemain même de la Révolution, tend à dépouiller de plus en plus les classes inférieures et pauvres au profit des classes supérieures et riches ; l'industrie et le commerce opèrent de nos jours, en continuant leur développement, l'accroissement des servitudes collectives et indirectes et organisent rapidement la *féodalité industrielle, mercantile et financière.* »

Ces lignes datent de 1808 : quelle prescience ! Aujourd'hui la féodalité capitaliste, après avoir tout accaparé, propriété foncière, mines, navigation, chemins de fer, industrie, commerce, tend à se résorber en une monarchie : les milliards de Rothschild, de Gould, de Mackay, de Vanderbilt gouvernent le monde, — monarchie la plus absolue de toutes, la plus écrasante et, aussi, la plus insaisissable, car elle est, en même temps, impersonnelle. Les patriciens de l'ancienne Rome, qui jetaient des esclaves vivants en pâture aux poissons de leurs viviers, les seigneurs du moyen âge, au cœur de fer comme leur armure, pouvaient, parfois, sentir leur nature humaine se réveiller : le dieu Capital est sourd, aveugle, inexorable. Tel financier aimable dans l'intimité, bienveillant, se targuant même de philanthropie, va, en un coup de bourse, ruiner des centaines de familles, semer autour de lui suicides, deuils, misère, prostitution ; qu'on ne s'en prenne pas à l'individu, l'engrenage qui l'entraîne le rend irresponsable, c'est la marche logique du système. La classe possédante, luttant sans cesse, luttant contre elle-même, devient de plus en plus riche et de moins en moins nombreuse ; vaincus par leurs concurrents mieux armés, c'est-à-dire plus fortunés, les demi-riches de la veille, boutiquiers, petits propriétaires, industriels de second ordre, tombent, le désespoir au cœur, le blasphème aux lèvres, dans ce prolétariat qu'eux-mêmes, naguère, méprisaient et exploitaient, et, miracle des situations ! ces ci-devant bourgeois, habitués plus que l'ouvrier au bien-être et à l'indépendance, deviennent, de conservateurs forcenés, les plus violents des révolutionnaires.

Fourier entrevoyait cela ; trop profond analyste pour se laisser éblouir par le clinquant des légendes, il reconnaissait combien avait été nulle la révolution au point de vue économique. Il ne voulut, cependant, pas se rendre compte de l'immense progrès intellectuel qu'elle avait fait faire aux masses et de l'influence que, même vaincue, elle devait exercer sur le siècle suivant. Humanitaire avant tout, il restait saisi d'horreur devant le tableau des exécutions capitales, des noyades et des champs de bataille ; ces visions sanglantes l'épouvantaient et, maudissant l'épopée républicaine, il se réfugiait tout ému dans son rêve d'harmonie.

L'harmonie ! c'est le grand mot et, mieux que le mot, l'idée du système de Fourier : une idée qui rachète bien des divagations qu'on est stupéfait de trouver mêlées aux conceptions les plus puissantes. « Harmonie universelle, déclare-t-il, but intérieur et foyer commun de l'ensemble des passions. » Car ce penseur, qui méconnaît la foule, a, du moins, en s'isolant d'elle, conquis

Charles Malato

l'avantage de pouvoir exprimer ses idées personnelles et, audace inouïe, il n'hésite pas à réhabiliter les passions ! Dans ces forces naturelles, si sottement comprimées ou détruites par les moralistes chrétiens, il voit l'essence même de l'individualité, et toujours, proclame-il, elles peuvent être utilisées dans l'intérêt commun.

C'est la théorie reprise par les modernes anarchistes. Passionnés amants de la liberté, ils affirment que du plein épanouissement de chaque être naîtra l'universelle harmonie : plus d'autorité ! et leur haine du joug est telle que d'aucuns ajoutent : plus d'organisation ! confondant l'action éparse, seule efficace, contre la société actuelle, avec les nécessités sociales de demain.

Mais le timide Fourier n'ose pas aller jusqu'au bout : il reste *étatiste ;* il reste surtout anti-égalitaire : pas de communisme mais association du capital, du travail, du talent et répartition proportionnelle à ces divers facteurs. Il est persuadé que l'autonomie de l'individu ne peut subsister au sein de l'égalité communiste et il ne s'aperçoit pas que cette autonomie est encore bien moins compatible avec une société où tout est classifié, où toutes les fonctions se hiérarchisent.

Le gouvernement unitaire qu'il rêve, réglant dans le monde entier la production, la consommation et l'échange, dirigeant les travaux, coordonnant les gouvernements secondaires placés à la tête des autres nations, dominant des armées de fonctionnaires, ne serait pas moins écrasant que la papauté industrielle prônée par les saints-simoniens : ou ce gouvernement doit tout mener, et, alors, plus de liberté, ou il s'efface et, dans ce cas, il devient inutile.

Il y a là une contradiction flagrante : il est vrai que d'après le philosophe, chefs de groupes et gouvernants seront plutôt des initiateurs que des maîtres. Mais le propre du pouvoir n'est-il pas de chercher toujours et quand même à dominer et si les inférieurs sont libres de discuter, de ne pas obéir, — quel chaos ! — pourquoi maintenir l'inégalité, pourquoi surtout enfermer les bienheureux habitants du phalanstère dans des classifications multipliées à l'excès, reconstituant ainsi des castes inévitablement appelées à se jalouser et à détruire l'harmonie si chère au maître ?

Avec ses fantaisies et ses erreurs, Fourier n'en fut pas moins un penseur de premier ordre. Sur bien des points, il a percé le voile mystérieux qui nous cache l'avenir. Alors que la plupart des théoriciens affectaient de ne voir dans l'individu qu'un rouage des plus secondaires, recevant toute impulsion de ce moteur principal l'État, il ose affirmer que l'individu c'est l'organisme social par excellence, que l'être humain a un droit absolu non seulement à la suffisante vie mais à un minimum de bien-être satisfaisant. Et cette revendication audacieuse est devenue aujourd'hui celle du parti révolutionnaire le plus avancé. Réforme sociale de la commune ; constitution des collectivités humaines par voie d'expérimentation et de libre initiative ; harmonisation des intérêts individuels avec les intérêts généraux ; liberté, solidarité : tels sont les principes sur lesquels le fondateur de l'école sociétaire base son système, principes qu'au bout d'un demi-siècle, l'évolution socialiste n'a pas infirmés.

Le grand tort de Fourier comme des autres théoriciens qui, de bonne foi, cherchèrent une solution à la dévorante question sociale, fut de croire que cette solution pouvait être pacifique. Ces philanthropes furent assez naïfs pour s'imaginer que monarques et banquiers, trahissant les principes et les intérêts de leur caste, allaient concourir à l'avènement d'une société dans laquelle banquiers et monarques n'auraient plus leur raison d'être.

Parallèlement à ces docteurs, s'agitaient des révolutionnaires, les uns politiques, les autres socialistes, les premiers procédant de la franc-maçonnerie, les seconds du babouvisme.

La Restauration avait remis au pouvoir la Compagnie de Jésus. Dès la première heure, à Saint-Acheul, à Saint-Anne d'Auray, à Bordeaux, à Billom, à Montrouge surtout, des centres tout-puissants s'étaient formés d'où les bons pères rayonnaient sur les régions voisines ; prédications, pèlerinages, cérémonies expiatoires, miracles, rien n'était épargné pour capter l'esprit naïf des populations rurales.

Mais le vieil ennemi du Gesù avait reparu aussi. Descendants des révolutionnaires mystiques du XVIIIᵉ siècle, les francs-maçons rentraient en lice ; le but était toujours le même : destruction de l'absolutisme religieux et politique. Bazard, depuis saint-simonien, crée avec Plotard, Joubert et Buchez la loge des *Amis de la vérité* dont le personnel se recrute surtout dans la petite bourgeoisie. Comme au temps de Weishaupt, des puérilités solennelles servent

Charles Malato

à masquer une action politique très réelle. Pour défendre l'œuvre de la Révolution, les sociétés secrètes renaissent de toutes parts ; en Italie, en Espagne, en Portugal, en Grèce, le carbonarisme, fils direct de la Franc-Maçonnerie, prêche l'indépendance nationale sous une forme religieuse et romantique bien propre à séduire ces tempéraments de feu. « Vive le Christ, libérateur du peuple ! » clamaient les patriotes libéraux. Et les conspirations de se succéder et le carbonarisme de s'organiser méthodiquement en France où il se manifeste par les tentatives sans cesse réprimées du peuple et de l'armée.

Juillet 1830 consacre la victoire définitive de la bourgeoisie française. Dès lors, celle-ci voudrait bien briser l'arme dangereuse qu'elle a maniée mais ses efforts sont vains : l'arme se retournera contre elle-même. Entré dans les sociétés secrètes à la suite de l'avocat ou du publiciste, le prolétaire y a fait son apprentissage, il a entrevu la puissance de l'association ; peu à peu des groupements s'élaborent où l'élément ouvrier est de plus en plus nombreux, groupements qui, dans la main de quelques hommes énergiques, les Blanqui, les Barbès, les Raspail, champions de la démocratie socialiste, mèneront une rude lutte contre la monarchie orléaniste. Bien plus, se détachant insensiblement de la politique comme d'une science fausse, usée, finie à l'égal des religions et comprenant que la science sociale par excellence c'est celle qui fait vivre, le travailleur commencera à se diriger vers les seuls groupements économiques, et le jour viendra où, révolutionnées dans leur esprit routinier, les corporations de métiers d'art, de science, s'affranchissant du joug de l'État, se substitueront au vieil organisme pour embrasser le monde dans leur immense réseau.

La Franc-Maçonnerie *arrivée* se fait conservatrice de l'ordre social. Sa puissante organisation, son influence, ses richesses servent à défendre la bourgeoisie libérâtre contre tous : contre les derniers champions du droit divin, contre les ultramontains, contre la masse qu'on leurre avec des promesses de réforme, parfois avec une philanthropie calculée, contre les révolutionnaires qui voient plus loin qu'une monarchie centre-gauche ou même qu'une République bourgeoise.

Tandis que la classe moyenne, triomphante en France, met en pratique ce conseil d'un ministre : « Enrichissez-vous », que

CHAPITRE XI

la lutte des Bourses européennes, prépare l'hégémonie de la maison Rothschild, que des chercheurs élaborent des systèmes sociaux, des hommes de lutte, chez lesquels l'action complète la pensée, regardent non plus seulement en eux-mêmes mais autour d'eux, vivent avec la masse, pensent, souffrent avec elle et se lancent intrépidement sur la route pénible qui doit conduire à l'émancipation.

En Blanqui, surtout, revit la pensée babouviste : s'emparer dictatorialement du pouvoir et réaliser le bonheur commun.

Révolution toute jacobine, qui se fera en rayonnant du centre à la périphérie. Aussi Paris et les grandes villes, foyers de conscience et de volonté, seront-ils amenés à exercer une autorité despotique sur les habitants des campagnes encore figés dans leurs mœurs rétrogrades.

La vie entière de Blanqui a été consacrée à la réalisation de cet objectif qui, au bout d'un demi-siècle, est resté celui de ses disciples. Ceux-ci, — les blanquistes d'aujourd'hui, — serviles imitateurs du maître, dont ils n'ont, pour la plupart, ni la clairvoyance ni le désintéressement, ne se sont pas aperçu que les conditions sociales, en se modifiant sans cesse, rendent impossible à l'heure présente ce qui, alors, pouvait avoir sa raison d'être. Grossis des déclassés de la bourgeoisie radicale à l'affût d'une fonction importante dans la société nouvelle, ils n'ont pas voulu reconnaître ce qu'aurait d'écrasant un gouvernement qui cumulerait la puissance économique avec la puissance politique : l'autorité leur plaît ; l'histoire de la Révolution, qu'ils ont apprise par cœur plutôt que méditée, les a enfiévrés. Hommes de tradition, ils ont, bien que se réclamant de la science matérialiste, fermé les yeux à l'évolution ininterrompue qui, de plus en plus, internationalise les peuples, sape le pouvoir dans son principe même et tend au remplacement de la hiérarchie étatiste par l'immense association des forces agricoles et industrielles.

Les plus patriotes des socialistes, ils ne comprennent pas encore qu'une révolution économique ne peut être localisée, que, réduite à quelques grandes villes ou même à une seule nation, elle ne serait pas viable. Pour ces jacobins, qui rêvent une transformation sociale à coups de décrets, l'étranger est un barbare et le prolétariat rural

Charles Malato

ne compte pas ; les villes, disent-ils, feront marcher les campagnes ; alors que, plus lent, certes, à comprendre que l'ouvrier des villes, mais autrement tenace, le cultivateur, de plus en plus dépouillé par la reconstitution de la féodalité terrienne, est destiné à devenir le principal acteur de la révolution !

À côté de Blanqui cherchant, par le fusil, à conquérir la République socialiste pour, de là, arriver au communisme, le pacifique Cabet, communiste également, prêche un *nouveau christianisme,* — tout comme Saint-Simon. Prenant à témoin le Christ, les apôtres et l'Évangile, il combat la propriété individuelle au nom de la fraternité. Il ne faut pas lui en demander plus long. À cette époque où chaque théoricien, gagné par la contagion, s'affirmait envoyé de Dieu, qui donc eût daigné s'occuper des arguments scientifiques ? Il ne pouvait y avoir place que pour la foi, qui ne raisonne pas, et le sentimentalisme, si facile à égarer : aussi les déceptions seront-elles nombreuses ?

Le *père* Cabet, ainsi que l'appellent ses enthousiastes admirateurs, après avoir vanté dans un roman célèbre : *Voyage en Icarie,* les bienfaits du communisme, part avec de nombreux adeptes expérimenter sa doctrine en Amérique.

Déjà, maints essais de colonisation socialiste avaient eu lieu hors de la vieille Europe. À New-Harmony, Owen, riche Anglais, mettait à l'épreuve un système communiste. L'Algérie, récemment conquise, était devenue le point de mire de ceux qui brûlaient de montrer aux incrédules le fonctionnement heureux de leur société idéale ; les fouriéristes y avaient, sans succès, ébauché un phalanstère. Le gouvernement ne pouvait voir d'un mauvais œil ces exodes de prolétaires, qui débarrassaient la métropole d'éléments actifs et turbulents, destinés à se perdre dans les hasards d'une vie lointaine.

Cabet échoua : la colonie de Nauwoo, aux prises avec les difficultés inhérentes à toute société qui débute, se scinda en fractions rivales. Le fondateur, idole déchue, fut chassé et réduit à venir se défendre devant les tribunaux français d'une accusation d'escroquerie. Quel écroulement pour un prophète ! Il ne survécut pas à l'envolement de ses espérances.

La grande erreur de cet homme, erreur commune à la plupart de

CHAPITRE XI

ses contemporains, fut de chercher le mot de l'avenir social dans une religion qui, quelque purifiée qu'elle soit, par cela même qu'elle est religion, est forcément incompatible avec la science et la liberté. Tous ces *mystagogues,* ainsi les appellera Proudhon, crurent qu'il suffirait d'un livre, nouvel Évangile, pour révolutionner l'humanité. Ils eurent foi en eux, nullement en la masse qu'ils prétendaient émanciper ; vivant avec leurs idées toutes subjectives, ils ne tinrent compte ni de l'ambiant ni des situations qui se modifient en se déterminant les unes les autres : comment eussent-ils pu résoudre un problème dont ils négligeaient des éléments essentiels ?

CHAPITRE XII
SOCIALISME SCIENTIFIQUE

Pendant que les systèmes s'élèvent pour se dissiper bientôt, semblables à ces bulles de savon que le moindre souffle fait éclater, la masse qui, désormais, ne sera plus l'esclave d'un livre ou d'un homme, mais qui, sans cesse, recueille quelques bribes des idées nouvelles, la masse, sous l'aiguillon des implacables nécessités, travaillée d'ailleurs par les sociétés secrètes, la masse bouillonne et, à plusieurs reprises, s'avance en grondant contre le pouvoir.

En proclamant l'égalité civile, la bourgeoisie libérale devait arriver fatalement à énoncer le principe de la souveraineté populaire ; ses logiciens devaient conclure à la République et au suffrage universel. République menteuse, car la vraie, l'idéale, celle qu'on n'a jamais eue et vers laquelle le peuple se sent attiré d'instinct, sans bien la comprendre, est incompatible avec une autorité gouvernementale, — l'État républicain sera la dernière forme du pouvoir ; suffrage universel ignorant, qui noie la clairvoyance des penseurs, toujours minorité, sous la brutalité du nombre ; suffrage universel exploité, domestiqué, leurre tendu aux crédules pour désarmer leurs revendications ; suffrage universel qui, en somme, n'aboutit qu'à une délégation de pouvoir. N'importe ! ceux qui alors, en pleine monarchie orléaniste, proclamaient cet au-delà, ouvraient les digues au torrent. Oh ! ce torrent, la bourgeoisie épouvantée mettra tout en œuvre pour l'arrêter, pour le canaliser, mais rien n'y fera : rusant, réprimant, louvoyant, la caste arrivée est contrainte

Charles Malato

d'aller, poussée par cette même masse qu'elle écrase. Derrière les beaux parleurs en toge et les pastiches de tribuns à la romaine, s'agitent des hommes aux figures énergiques, rudes travailleurs qui se hâtent, — la vie pour eux étant courte, — de frayer les voies à la révolution sociale.

Avec Proudhon, homme d'étude, l'élite du prolétariat commence enfin à se détacher des idoles. En dépit des griseries majestueuses de la Convention, célébrées par Louis Blanc, en dépit des apothéoses napoléoniennes, de la fausse monnaie du libéralisme, les plus conscients des travailleurs comprennent que, seuls, ils seront aptes et intéressés à s'émanciper. « Quiconque, s'écrie Proudhon, pour organiser le travail, fait appel au capital ou au pouvoir, en a menti. L'organisation du travail doit être la déchéance du capital et du pouvoir. » C'était l'anarchie posée en principe.

De plus en plus, la scission s'accentue entre ces deux alliés de la veille : la bourgeoisie capitaliste, le peuple ; le drapeau rouge s'élève contre le tricolore, la *Carmagnole* contre la *Marseillaise*.

Sous l'influence de Proudhon, aussi révolutionnaire avec sa dialectique que Blanqui avec son fusil, le socialisme se dégage de plus en plus de ses nébulosités primitives. Quels que soient les restes de religion qui s'y mêlent encore, il se présente désormais fait, non d'espérances posthumes mais d'aspirations toutes matérielles. Il ne dira plus comme le christianisme : « heureux ceux qui ont soif ! Heureux ceux qui ont faim ! » Le jeûne a trop longtemps duré : « Bien-être ! » criant les déshérités ; « Liberté » ! crient aussi les esclaves ; double clameur qui, appelant les masses à la bataille, leur indiquera de plus en plus le chemin à parcourir et le but à atteindre : lutte contre le monopole capitaliste pour aboutir au communisme ; lutte contre le pouvoir menant à l'anarchie.

L'anarchie ! Ce mot terrible, jeté autrefois comme une injure à la face des violents, Proudhon le relève et, le premier, l'applique à une conception sociale : « Le pouvoir est perdu en France », écrit-il (*Idées révolutionnaires*). Et, ailleurs, il développe sa théorie : « Le but de la révolution consistera à substituer le régime *économique et industriel* au *régime gouvernemental, féodal et militaire,* de la même manière que celui-ci, par une révolution antérieure, s'était substitué au régime *théocratique ou sacerdotal......* Par régime industriel, nous entendons, non point une forme de gouvernement où les hommes, adonnés aux travaux de l'agriculture et de l'industrie, entrepreneurs, propriétaires, ouvriers, deviendraient à leur tour classe dominante, comme autrefois la noblesse et le clergé, mais une constitution de la société, ayant pour base, à la place de la hiérarchie des pouvoirs politiques, l'organisation des forces économiques. » (*Idées générales de la révolution*).

Le communisme ! Proudhon, qui constate que la propriété individuelle ne peut exciper d'aucune origine légitime et s'écrie comme jadis Brissot : « La propriété, c'est le vol ! » ; Proudhon, cependant, défenseur éloquent de la liberté, n'a pas conclu au communisme qu'il ne peut concevoir autrement qu'autoritaire. Il s'est arrêté à un moyen terme, le *mutuellisme,* facilitant la mise en circulation de la propriété à l'aide d'un crédit réciproque et gratuit ouvert aux travailleurs : système impraticable car, lui-même l'a déclaré, les classes dirigeantes ne peuvent rien pour le peuple et l'association des déshérités ne cessera d'être stérile que le jour où ceux-ci auront, par la force, *ultima ratio,* pris possession de tout ce qui, à la surface du globe, sert à créer le bien-être. Mais s'il a donné le coup de grâce au communisme religieux et sentimental, il a, par ses attaques savantes contre la propriété individuelle, ouvert, à son insu, la voie au collectivisme qui, lui-même, n'est que le prélude d'un communisme rationnel.

C'est Karl Marx qui posera celui-ci en principe. Doctrinaire d'une incontestable puissance, il applique à la sociologie les procédés d'observation usités dans les autres sciences et aboutit à cette déclaration :

« La production économique et les classifications sociales qui en sont la conséquence nécessaire créent, pour chaque époque, la base de son histoire politique et intellectuelle ; il en résulte, depuis que la possession en commun du sol, telle qu'elle a primitivement existé, a cessé d'être, que l'histoire toute entière a été uniquement, aux divers degrés du développement social, l'histoire des luttes des classes entre elles, luttes des exploités contre les exploiteurs, des classes dominantes et des basses dominées ; mais, aujourd'hui, cette lutte est entrée dans une phase où il n'est plus possible à la classe exploitée et opprimée, au prolétariat, de se délivrer de la classe qui l'exploite et l'opprime, de la bourgeoisie, sans délivrer,

Charles Malato

du même coup et à jamais, la société tout entière de l'exploitation, de l'oppression et, du coup, de la lutte même des classes. » En place du système actuel, conclue-t-il, qui repose sur l'antagonisme du capital et du salaire, il faut ériger un système nouveau basé sur la propriété et le travail collectifs.

Conception hardie et, dans sa hardiesse même, autrement logique que la tentative mutualliste et coopérative de Proudhon lequel, tremblant de voir tomber l'autonomie individuelle avec la propriété, reconstruisait d'une main ce qu'il venait de démolir de l'autre.

Ces deux hommes, si différents d'esprit et de tempérament : le Français bouillant champion de la liberté, l'Allemand, méthodique et autoritaire, ont dominé leur époque. Eux disparus, leurs idées sont restées et, infiltrées dans le prolétariat, forment aujourd'hui le corps du socialisme : comme l'affirmait Proudhon, l'humanité travailleuse, de plus en plus consciente, marche à l'élimination du pouvoir : autonomie, fédération sont les deux formules de l'avenir. Comme le démontrait Marx, le capital, par cela même qu'il se centralise, — effet de la concurrence, — devient de plus en plus vulnérable, de plus en plus menacé : le jour n'est pas loin où, mue par l'instinct de conservation, la masse spoliée se lèvera pour exproprier les possédants et, sans s'arrêter à un partage absurde qui, au bout de vingt-quatre heures, ramènerait la plus complète inégalité, fera, de tout ce qui sert à produire, une propriété indivisible, inaliénable, ouverte à tous, assurant le bien-être aux vivants et laissant intacts les droits des générations à venir.

Désormais le socialisme scientifique envahit le monde civilisé. Auguste Comte, penseur de premier ordre, étudie les lois et les relations des phénomènes sociaux et crée la philosophie positive, que ses disciples laisseront dégénérer en religion. En Espagne, dans les provinces du nord, les plus développées industriellement, le collectivisme germe. En Angleterre, les associations travailleuses prennent pied, se multiplient rapidement et commencent contre le capital une lutte par trop légale, à la vérité, comme celle que soutiendront en Belgique les *solidaires,* unis contre le fanatisme religieux et le monopole.

Il est à remarquer que si l'idée socialiste tend partout à

CHAPITRE XII

l'expropriation de la classe possédante, cette idée revêt diverses formes selon les régions où elle se manifeste. Diversité inévitable quoi que fassent les doctrinaires d'Outre-Rhin qui voudraient diriger avec méthode la révolution sociale. Il faut tenir compte de la race, des mœurs, des institutions séculaires, des préjugés, des habitudes, du développement économique, tous facteurs qui opposent au mouvement des résistances plus ou moins graves. Aussi, l'évolution varie-t-elle selon les races : modérée chez les peuples celtiques, ardemment libertaire chez les Latins, autoritaire chez les Allemands.

Bientôt, un nouvel élément vient apporter au socialisme son contingent de forces et d'idées. La Russie, pays agricole bien plus qu'industriel, se tient encore, en tant que peuple, à l'écart du mouvement social, mais elle enfante des penseurs qui exerceront sur le socialisme international une incontestable influence : après Herzen qui, dans la *Cloche*, appelle les libéraux à l'assaut de l'autocratie, Bakounine, non moins érudit, non moins profond que Marx, auquel il demeure bien supérieur par le tempérament révolutionnaire, reprend, agrandit l'idée de Proudhon et arrive à formuler l'anarchie collectiviste : suppression de l'autorité, répartition des produits selon l'œuvre de chaque travailleur, théorie qui, sous l'influence d'un autre russe, Kropotkine, se transformera plus tard en celle du communisme-anarchiste, remplaçant la répartition (forcément arbitraire et qui laisse prise à un pouvoir économique) par la *prise au tas* des objets nécessaires, solution plus simple, plus fraternelle et qui deviendra de plus en plus réalisable à mesure que les produits, déjà supérieurs aux besoins de la consommation, se multiplieront.

Chose étrange, c'est de la race européenne la plus en dehors du progrès moderne que nous vient l'idée la plus avancée. La pensée émise par Diderot serait-elle juste : l'humanité aura beaucoup marché pour se retrouver presque à son point de départ ? N'est-ce pas le cas, parodiant une phrase célèbre, de dire : « Un peu de science éloigne de la nature, beaucoup de science y ramène. »

L'humanité est un être collectif qui se développe de jour en jour : devenue majeure, elle veut penser par elle-même, elle ne s'inféodera plus à la parole sacrée d'un prophète. D'ailleurs, même aux vieux temps où des hommes miraculeux subjuguaient des

Charles Malato

cerveaux incultes, si des livres comme l'Évangile et le Coran ont pu conquérir le monde, c'est que ces livres traduisaient moins la pensée propre d'un individu que les sentiments couvant dans les foules.

De même, pour le communisme-anarchiste qui, en dépit des incrédules, s'annonce comme une réalité de demain. L'anarchie, prise dans son sens le plus philosophique, *négation de l'autorité*, n'y va-t-on pas tous les chemins ? par la science qui renverse le dogme, par l'association ouvrière qui, désertant un jour le terrain légal, chassera le patron, par l'évolution politique qui attaque, les uns après les autres, tous les rouages de l'État : souveraineté ou présidence, pairie ou Sénat, dictature ou assemblées parlementaires ? Que sont toutes ces attaques encore inconscientes, sinon les préludes de la grande bataille de demain entre le peuple et le pouvoir ? Et quoi d'étrange que la poussée définitive vienne de ces révolutionnaires slaves qui, plus que tous autres, victimes de la tyrannie, en ont la haine implacable ?

Le communisme, barbare aux temps primitifs dans le clan celte et le mark germain, utopique avec les théoriciens religiosâtres, devient de moins en moins un rêve à mesure que les applications de la science font surabonder la richesse. Déjà la production agricole d'Europe et d'Amérique est deux fois et demie supérieure aux besoins, la production industrielle plus grande encore : un jour ne viendra-t-il pas où les déshérités, las de souffrir, se rueront sur ce bien-être accumulé ?

Ce sont les mœurs qui font les institutions : Or, si des siècles d'atavisme ont perpétué dans l'esprit des populations occidentales le respect de la propriété individuelle, il en est autrement en Russie où la masse paysanne a conservé dans le *mir* la propriété à la fois communale et communiste. De là, chez les plus grossiers des *moujicks,* un sentiment naturel de solidarité et de bienveillance singulièrement différent de l'esprit rapace et égoïste de nos paysans, toujours en lutte, pour s'attribuer la moindre parcelle de terre au détriment du voisin. La Russie est le seul pays d'Europe où la population, que n'a pas encore étiolée un industrialisme assassin traînant après lui toutes les plaies physiques et morales, soit capable de régénérer la vieille société en lui infusant dans les veines un sang nouveau.

CHAPITRE XII

Les théoriciens russes du communisme n'ont donc fait que nous transmettre l'esprit de leur race, en l'adaptant toutefois à des conditions sociales différentes. Et quand on considère l'immense abîme auquel sont acculés le pouvoir et le capital, quand on se rend compte de la fatalité qui forcera la société à chercher son salut dans des formes politiques et économiques nouvelles, si l'on reconnaît que chaque peuple a son rôle historique à jouer ; il est difficile de n'en pas inférer que le triomphe du communisme en Europe coïncidera avec la prépondérance, tout au moins morale, de la race slave. Cette heure pourrait bien n'être pas fort éloignée : l'autocratie russe est sur son lit de mort ; nul doute que la prochaine génération verra s'accomplir, des rives de l'Amour aux bords de la Baltique, un des plus grands mouvements de l'humanité.

La vie des peuples est un perpétuel travail de chimie : races, idées, mœurs, se combinent ou se dissocient en vertu d'affinités. La France, grâce à sa situation, a toujours été le creuset où sont venus s'allier les éléments celtes, latins, germains. Ces derniers, cependant, sont les plus rebelles à l'assimilation : en petite quantité, ils se laissent absorber et communiquent au mélange leurs qualités énergiques ; mais, trop nombreux, ils sont rejetés après une série de réactions.

Conquise par les Francs, — en petit nombre, — la Gaule romanisée a fini par absorber ses maîtres qui, oubliant leur origine, sont, depuis Clovis, devenus les ennemis acharnés de l'Allemagne. « Le Français, a dit très spirituellement un écrivain, est un celtate de latin. »

Pour la langue, elle est restée surtout romane : le parler germanique n'a pris racine que chez les Celtes du Nord : Flamands et Anglais.

Pour la religion, le christianisme ne s'y est bien développé que parce qu'il correspondait aux vieilles croyances druidiques et que les cérémonies païennes dont il s'était entouré subjuguaient une race docile aux impressions des sens et réfractaire aux abstractions de la raison pure : la mythologie germaine n'est entrée qu'à titre accessoire dans les superstitions du moyen âge.

Pour la philosophie qui, depuis deux siècles, a reçu de l'Allemagne une si grande impulsion, panthéiste d'abord, matérialiste ensuite, elle a influé davantage, mais accommodée au génie français amoureux de clarté et, de plus en plus dépouillée de ce fatras logomachique cher aux universités d'Outre-Rhin. Et, d'ailleurs, si les Büchner d'aujourd'hui ont été possibles, c'est peut-être, grâce à leurs prédécesseurs, les gaulois Rabelais et Diderot.

L'Allemagne, unifiée et dont le développement industriel ne le cède qu'à celui de l'Angleterre et des États-Unis, est devenue la patrie du socialisme. Mais ce socialisme, elle l'a fait à son image : méthodique, autoritaire, étouffant toute initiative individuelle sous une centralisation de fer. Façonnés au joug depuis des siècles, les travailleurs allemands l'ont, en grande majorité, accepté, mus par le désir d'assurer le pain quotidien plutôt que par les enthousiasmes de la liberté.

Ce socialisme-là, à son heure, fut très utile. Parlant au nom de la science, il proscrivit impitoyablement toutes les rêveries des sentimentalistes. Et lorsque Proudhon, qui avait si bien bataillé contre les *mystagogues,* en vint à reconstituer cette propriété individuelle qu'il avait niée et à proclamer l'efficacité du système coopératif, Marx eut raison d'affirmer que là n'était pas la solution de la question propriétaire, deux formes restant seules possibles : la possession individuelle ou la possession collective, et tout moyen terme devant nécessairement ramener à l'une ou conduire à l'autre. Mais les socialistes libertaires envisageaient avec terreur le despotisme d'un gouvernement maître politique et économique : le mutuellisme ne résolvant rien, le communisme marxiste leur semblant trop lourd, ils durent chercher une solution nouvelle : c'était préparer les voies au communisme-anarchiste.

La lutte menée par Marx contre les proudhoniens, Lassalle la menait en Allemagne, contre les partisans de Schultze-Delitsch qui prônaient, eux aussi, la coopération et le crédit. Théoricien, mais de plus tribun et vulgarisateur émérite, il provoque une agitation grave au sein des foules ouvrières ; celles-ci commencent à entrevoir que les bourgeois, même progressistes, ne peuvent rien pour elles. Et, tout en concluant à la conquête pacifique du suffrage universel qui, croit-il, permettra au peuple, maître de l'État, de transformer la société, ce légalitaire est amené à formuler des théories impliquant les conclusions les plus subversives. « L'épargne », lui dit-on. Mais quelle épargne est possible pour celui qui n'a rien, pour le prolétaire soumis aux risques du chômage, de la maladie, des accidents ? Et, d'ailleurs, pour mettre de côté des sous, ne faut-il pas se priver, restreindre sa consommation, retrancher même du nécessaire ? Résultat direct, si tous les travailleurs économisent, baisse de la production et, par suite des salaires. Quel singulier remède, en outre, que de conseiller aux affamés de se serrer le ventre ! Le crédit ? les avances ? les matières premières ? Système inapplicable aux salariés des usines et qui ne peut garantir ceux même travaillant pour leur compte contre l'envahissement de la grande industrie. Et lorsque, médecins traitant la gangrène par la tisane de guimauve, des progressistes prétendent fournir aux ouvriers le moyen de vivre par les sociétés de consommation qui, supprimant les intermédiaires, diminuent le prix des vivres, avec quelle précision mathématique Lasalle démontre qu'il n'y a rien de fait, les salaires haussant ou baissant avec le prix des objets de consommation ! « Loi d'airain ! » proclame-t-il ; loi inéluctable qui, s'exerçant en vertu du mécanisme de l'offre et de la demande, force l'ouvrier à ne pourvoir qu'à ses plus stricts besoins matériels : juste ce qu'il faut pour subsister et se reproduire.

À travers les changements de la politique, les écroulements de régimes, les guerres, les émeutes, les révolutions, le socialisme continue sa marche. Un siècle aura suffi au débile enfant pour devenir le géant destiné, selon la prophétie de Henri Heine, à écraser le monde bourgeois d'un coup de talon.

Utopiste quand il croyait résoudre la question sociale par le mutuellisme, Proudhon avait vu clair en prédisant le rôle immense que jouerait l'association dans l'avenir de l'humanité. La classe ouvrière commence à avoir conscience d'elle-même et, pendant que la guerre de sécession, l'expédition du Mexique, l'insurrection polonaise occupent l'attention des politiciens, des groupements se forment dans tous les pays : Oh ! non plus groupements secrets conspirant sous des formes surannées, mais groupements ouverts où l'élément studieux élimine de plus en plus l'élément déclamateur et romantique, où le serf de l'industrie apprend à analyser le mécanisme social et, pensant enfin par lui-même, cherche des solutions. De partout, alors, se dégage la même idée : « Tous les êtres humains, sans distinction de sexes, de races, de couleurs, ont droit à la liberté, au bien-être ; tous sont solidaires les uns des autres ; l'émancipation des travailleurs ne pourra être l'œuvre que

Charles Malato

des travailleurs eux-mêmes ». L'Internationale est créée.

Le rôle que les conciles du IVe siècle ont joué dans l'élaboration de la foi chrétienne, les Congrès ouvriers vont le jouer dans l'ordre économique. Le 28 septembre 1864, au meeting de Saint-Martin's-Hall, à Londres, les délégués des sections anglaises, françaises, allemandes, belges, suisses, proclament l'association internationale des travailleurs ». Le plus grand fait du XIXe siècle est accompli.

Non que cette société, devenue la terreur du bourgeois, surtout après la Commune, ait eu sur les événements une action directe : les révolutions ne se décrètent pas. Mais si l'Internationale, en dépit des naïfs qui lui prêtaient des armées et des millions, eut à peine les ressources nécessaires pour soutenir quelques journaux intermittents et donner à des grévistes une aide précaire, elle mit en lumière tout le travail qui s'était fait, depuis un siècle, au sein du prolétariat ; dans ses Congrès, elle analysa scrupuleusement les théories des penseurs, les passa au crible, pour les jeter ensuite, élucidées, dans la foule ; elle fut le drapeau déployé du socialisme : l'effet moral fut immense.

Napoléon III, qui ne savait pas au juste ce qu'il voulait hormis jouir, — Trimalcyon singeant Hamlet ! — et cherchait à faire prendre son creux pour de la profondeur, ne se montra pas défavorable au développement de l'Association. Il espérait que, de même qu'il avait conquis le paysan, il conquerrait l'ouvrier. « Je suis le plus socialiste de mon empire », répétait-il souvent. Socialisme qui se manifestait par l'encasernement des pauvres dans des cités ouvrières, par des fêtes accommodant au goût moderne les priapées antiques, par des travaux d'édilité livrant la capitale aux riches et refoulant les prolétaires dans la périphérie, assurant l'ordre en rendant impossible la construction de barricades dans les rues droites et larges, désormais ouvertes au canon et à la cavalerie, — travaux qui produisaient, par l'énorme circulation du numéraire, un bien-être momentané, mais creusaient pour l'avenir un déficit formidable. Il ne vit pas, ce philanthrope décembriseur, que l'ouvrier de 1864 n'était déjà plus cet ouvrier naïf de 1848, grisé de sentimentalisme religieux, de légendes mélodramatiques, croyant tout, ne sachant rien, merveilleusement préparé, du reste, par les chansons de Béranger et les romans d'Eugène Sue à se vautrer aux pieds d'un Napoléon qui jouerait au prince Rodolphe.

CHAPITRE XII

Il pensa que l'Internationale, ouvrant un champ d'études aux socialistes, les détournerait de l'action. Dans les dernières années de son règne, il put s'apercevoir de l'erreur qu'il avait commise ; et juger combien l'opposition énergique des Millière, des Varlin, des Vermorel, des Lefrançais était autrement dangereuse que les bouderies des royalistes ou les déclamations des romantiques.

Les républicains bourgeois virent avec défiance se créer l'Internationale. Habitués, de tout temps, à considérer le peuple comme un troupeau destiné à les suivre, ils ne pouvaient concevoir que ces bêlants voulussent enfin raisonner et discuter eux-mêmes leurs intérêts. Parmi ces bergers, les uns démocrates à l'eau de rose, coquetant avec l'orléanisme, se confinaient dans une opposition platonique à l'empire ; Émile Ollivier, le démagogue rallié, leur avait montré la voie à suivre. Quelques-uns d'entre eux, comme Jules Simon, tâtèrent de l'Internationale, espérant y dominer et s'en faire un tremplin, grâce à leur léger bagage de science économique. Quand ils virent que, décidément, ce mouvement les dépasserait, ils se dégagèrent. Les autres, qui se réclamaient de la révolution, sans préciser s'ils entendaient défendre la révolution bourgeoise de 1789 ou bien ouvrir les voies à la révolution prolétarienne, étaient, pour la plupart, de jeunes bourgeois dévorés d'ambition, tourmentés de la fièvre de plagier les conventionnels, ignorant tout du peuple et ne voyant dans un soulèvement contre le pouvoir qu'une question de mise en scène ou de places à conquérir. C'étaient : Grousset, élégant écrivain, Rigault, type d'étudiant en goguette, doué de réelles aptitudes pour le rôle de policier ; Eudes, tourmenté, sa vie durant, du désir d'être général comme Marceau ; Félix Pyat, le plus célèbre et le père de tous ces romantiques, admirable ciseleur de phrases, qui aima la révolution en artiste et, lui ayant sacrifié de la fortune, crut bon de ne pas lui sacrifier sa vie. Cette nuance de républicains commençait au *Rappel,* journal hugolâtre, pour finir aux conspirateurs groupés sous la direction de Blanqui.

Ce dernier, le plus sincère, le plus clairvoyant, le meilleur de tous, qui paya de trente ans de prison son attachement au peuple, à peine rendu à la liberté (1865), avait repris la lutte. « Il faut, disait-il aux disciples qui l'écoutaient avec ferveur, renverser successivement tous les régimes jusqu'à ce que nous soyons les maîtres. » L'isolement du cachot n'avait pas courbé cette organisation puissante ; jusqu'à

Charles Malato

sa mort, il demeura le vieux babouviste, cherchant à organiser une force révolutionnaire pour s'emparer dictatorialement de l'État.

Lorsque l'Internationale parut, Blanqui eut un élan d'espoir : il crut son rêve réalisé. Les délégués des sections, plongeant dans la masse profonde du prolétariat *mondial,* allaient porter à leurs frères, devenus leurs soldats, le mot d'ordre de la révolution : les peuples chasseraient leurs maîtres et marcheraient à la république universelle. Mais Marx était un révolutionnaire économiste ; Blanqui, sincèrement socialiste, croyait indispensable de s'emparer au préalable du pouvoir politique pour écraser ensuite la tyrannie capitaliste. Ces deux hommes, trop pleins de leurs idées pour transiger, ne purent s'entendre et, dans l'impossibilité de communiquer à l'Internationale sa propre impulsion, Blanqui s'efforça de grouper secrètement en dehors de cette association les éléments qu'il supposait les plus énergiques. Blanquistes, internationaux et jacobins se sont retrouvés aux prises, après le 18 mars, dans le sein même du Conseil de la Commune.

Incertaine à ses débuts, mutuelliste ensuite (Congrès de Lausanne, 1867), puis collectiviste (Congrès de Bruxelles, 1868 ; de Bâle, 1869), l'Internationale, naturellement, traversait les mêmes phases que le prolétariat dont elle était l'émanation ; les idées opposées s'y entrechoquaient sans cesse. Victorieux des proudhoniens, les marxistes s'efforcent d'accaparer la direction du mouvement et, tandis que leurs Liebknecht et leurs Bebel luttent, en Allemagne, contre les Lassaliens trop légalitaires, lutte qui se termine par une fusion, — le Conseil général, où domine Karl Marx, exerce sur l'association tout entière une véritable dictature.

C'est alors que recommence l'éternel combat de l'esprit celte et latin contre l'influence germanique. Sous l'impulsion de Bakounine, les délégués belges et espagnols s'élèvent contre la tyrannie de ce pouvoir, né de la veille, qui donne un aperçu de ce que serait l'État ouvrier. Devant la centralisation, — essentiellement monarchique dans son principe, — qui réunit tous les fils dans la main d'un seul homme, ils proclament l'autonomie et la fédération des groupes.

L'hostilité grandit de plus en, plus entre autoritaires et fédéralistes : ceux-ci reçoivent l'épithète d'*anarchistes,* insulte dans la pensée de leurs adversaires. Mais, depuis Proudhon,

CHAPITRE XII

l'anarchie était une conception positive : organisation sociale sans autorité, substitution du contrat à la loi permanente, autonomie de l'individu dans le groupe, du groupe dans la commune, de la commune dans la fédération. Les amis de Bakounine relevèrent le mot, comme avaient fait jadis les « gueux » et les « sans-culottes ».

Il serait puéril de ne voir dans ce conflit que la lutte de deux individus, trop imbus de leur propre personnalité pour se concéder la suprématie. Les deux hommes qui se disputèrent la direction, sinon officielle du moins morale, du mouvement internationaliste ne se heurtèrent avec tant d'animosité, tant de persistance que parce qu'ils incarnaient deux tendances absolument opposées.

Dès lors, l'Internationale ira se déchirant elle-même, jusqu'au Congrès de La Haye (2 au 9 septembre 1972), où elle se scindera en deux tronçons, — l'un autoritaire avec Marx, l'autre libertaire avec Bakounine, — qui, sous les lois répressives des gouvernements, se dissoudront à leur tour.

Aujourd'hui, malgré les efforts de Most et de quelques autres anarchistes allemands pour la ressusciter sur un pied purement révolutionnaire, l'Internationale est morte en tant qu'organisation, mais son esprit plane sur toute cette fin de siècle, appelant les déshérités à la bataille. De ses cendres éparpillées au vent, sont nés dans le monde entier des groupes de travailleurs marchant sous le fanion de leur choix à la révolution sociale. Parmi ces groupes, les uns gardent une autonomie jalouse, les autres s'agrègent sous des formes autoritaires ; malgré l'action dissolvante des personnalités, les hésitations, les défections, les imprudences, collectivistes, indépendants, anarchistes, tout en s'entre-combattant, comme ces sectes chrétiennes des premiers siècles qui revendiquaient pour elles seules l'orthodoxie, n'en sapent pas moins la société actuelle. Disséminés, ils portent en tous lieux le nouveau verbe et attaquent l'ennemi de toutes parts, en lui donnant le moins de prise possible. Cette absence même d'une direction suprême, qui ne servirait qu'à éveiller les ambitions, fait leur force : on pouvait abattre la tête unique de l'Internationale, on ne peut rompre le réseau des groupes révolutionnaires qui enveloppe aujourd'hui le monde civilisé. D'où la supériorité marquée des partisans de l'initiative individuelle sur les enrégimentés qui s'imaginent vaincre, par une forte organisation, l'organisation incomparablement plus forte de

Charles Malato

l'État ayant sous la main tous les rouages sociaux.

CHAPITRE XIII
MARTYROLOGE PROLÉTARIEN. — LA VOIE SANGLANTE.

Comme toutes les croyances formées au sein de la masse et luttant contre le pouvoir pour se faire jour, le socialisme a eu ses martyrs : les uns célèbres, vénérés, passés à l'état de saints pour une foule trop portée à remplacer une religion finie par une religion nouvelle, les autres inconnus, fauchés silencieusement dans l'oubli ou couchés pêle-mêle par le canon des guerres sociales.

« Sang de martyrs, semence de chrétiens ! » s'écriait Tertullien, il y a seize siècles. Si le socialisme, tendant aujourd'hui à sa forme la plus haute en même temps que la plus simple, l'anarchie, a conquis les masses en moins de cent ans, c'est après avoir parcouru un long cycle de persécutions et d'épreuves.

Les patriciens de la vieille Rome jetaient leurs esclaves vivants en pâture aux murènes de leurs viviers. Les seigneurs du moyen âge détroussaient le marchand, prélevaient la dîme sur le serf de la glèbe, violaient sa femme et pendaient les manants selon leur bon plaisir. Louis XVI, roi débonnaire, décidait (ordonnance du 13 juillet 1777) que tout homme de seize à soixante ans, sain et bien constitué, trouvé sans moyens d'existence et sans profession, serait envoyé aux galères. De nos jours, pour avoir varié dans la forme, l'oppression de la caste dominante sur la caste dominée ne s'en exerce pas moins.

Liberté, égalité, dit le Code : le prolétaire est libre, en effet, de mourir de faim s'il ne trouve pas un maître qui veuille bien acheter son activité musculaire ou intellectuelle. Cent ans après la Révolution qui proclama les droits de l'homme et la suppression des castes, on a vu, à Limoges, une malheureuse, la femme Souhain, tuer ses cinq enfants parce qu'elle ne pouvait plus les nourrir, puis chercher à se tuer elle-même : les juges l'ont envoyé au bagne. Un an plus tard, au moment même où la foule inconsciente, grisée par la musique et les détonations de pétards, commémorait la prise de la Bastille, une famille parisienne de sept personnes s'évadait par l'asphyxie de cette société libre et égalitaire où, selon le pieux Malthus, il n'y a point place pour les pauvres au banquet de la vie.

Les statistiques de la criminalité parlent éloquemment [42]. En dépit des moralistes bourgeois, le flot grandit et menace de tout submerger ; bientôt les prisons ne seront plus assez vastes pour contenir les malheureux, vagabonds parce qu'ils ne peuvent payer un propriétaire, voleurs ou mendiants parce que, pour qui n'est pas exploiteur ou exploité, il n'existe que deux ressources : le vol ou la mendicité.

L'été, passe encore pour ce qui est du coucher : on peut dormir à la belle étoile ; les taillis des bois de Vincennes et de Boulogne sont hospitaliers ; malheureux et malheureuses peuvent même y goûter les douceurs de l'amour. Mais l'hiver ! la terre est gelée, il fait trop froid pour coucher sous les ponts ; les carrières d'Amérique et les Halles ne sont pas toujours un abri sûr, les rafles y sont fréquentes, les voisins parfois incommodes ; pour dormir *à la corde* [43], dans les infectes taudis de la rue Mouffetard ou du faubourg Saint-Antoine, il faut deux sous : c'est une somme qu'on n'a pas toujours. Quant aux *asiles de nuit,* dernier mot de la philanthropie officielle, ils sont toujours encombrés au point de refuser du monde ; on ne peut d'ailleurs y trouver abri plus de trois fois consécutives. Le mieux est encore de se présenter au commissariat de police pour quémander une arrestation ou de tenter un coup : s'il réussit, on est sauvé ; si on est pincé, du moins, on aura la prison pour gîte et du pain sur la planche.

En prison, l'État qui s'est arrogé le droit de punir les déshérités, s'arroge, de plus, celui de les exploiter, car il est devenu patron : il fait fabriquer et vend. Lorsque les fournitures à livrer sont nombreuses, les geôles s'emplissent comme par miracle. Voilà ce qu'il y a au fond des formules solennelles de la justice : la justice, comment y croiraient-ils ces magistrats, domestiques de tous les régimes ? Il y a tout simplement une question de production à bas prix : tant pis pour l'industrie libre si cette concurrence l'écrase. C'est du socialisme à la sauce gouvernementale.

L'influence du milieu a été démontrée scientifiquement : on lui doit toutes les modifications des espèces. Nulle part, elle n'est aussi pernicieuse qu'en prison. L'homme sort de là criminel endurci,

Charles Malato

pédéraste et souvent pis : mouchard.

Même tableau dans tous les pays à civilisation capitaliste. L'Allemagne, rongée par le chancre du paupérisme, se tord sur un lit de lauriers. Ses fils l'abandonnent pour des pays moins durs aux travailleurs.

En Italie, c'est principalement dans les campagnes que la misère est atroce. Des hommes vigoureux travaillent toute la journée pour un salaire moyen de quarante centimes : parfois ce salaire diminue de moitié ; l'exploitation des enfants dans les solfatares est invraisemblable. Tout ce peuple vit de mauvaise farine de maïs et va souvent déterrer les charognes pour s'en repaître. Il n'est pas de pays où le contraste entre la richesse du sol et le dénûment du cultivateur soit plus choquant. Les blés ondulent sous la brise tiède ; oliviers, mûriers, myrtes, grenadiers entrelacent leurs frondaisons dans un fond d'azur lumineux ; plus loin, des bosquets de lauriers roses ; des orangers, des limoncelli aux branches desquels mûrissent des globes d'or : c'est une profusion de couleurs et de parfums ; la nature entière s'épanouit dans un sourire. Regarde, prolétaire ! regarde et ne touche pas : Rien de cela n'est à toi. Tant pis si ton ventre creux s'insurge, si ton palais se dessèche, si tes tempes bourdonnent : meurs si tu peux !

La misère de l'Irlande a souvent été décrite ; elle est effroyable, en effet, mais les landlords n'ont pas été moins impitoyables en Écosse. De 1801 à 1831, ils ont enlevé sans indemnité 3,511,770 acres de terre que cultivaient les descendants des anciens clans gaëls. Suzerains titulaires du sol, ces seigneurs voulaient devenir propriétaires effectifs : ils ne reculèrent devant rien. Une misérable, la duchesse de Sutherland, expropria à elle seule, en six années, trois mille familles formant un total de quinze mille individus. Leurs villages furent incendiés, leurs champs convertis en pâturages, une vieille femme qui se cramponnait à sa hutte fut brûlée vive, la troupe eut raison des velléités de résistance et la noble lady accapara de la sorte 794,000 acres qui, de temps immémorial, appartenaient au clan. « Les grands d'Écosse, écrivait George Ensor, ont exproprié des familles comme ils feraient sarcler des mauvaises herbes ; ils ont traité des villages et leurs habitants comme les Indiens ivres de vengeance traitent les bêtes féroces et leurs tanières. Un homme est vendu pour une toison de brebis, pour un gigot de mouton et pour

CHAPITRE XIII

moins encore... Lors de l'invasion de la Chine septentrionale, le grand conseil des Mongols discuta s'il ne fallait pas extirper du pays tous les habitants et le convertir en un vaste pâturage. Nombre de landlords écossais ont mis ce dessein à exécution dans leur propre pays contre leurs propres compatriotes. »

L'Angleterre est le pays industriel par excellence. Un économiste bourgeois, John Wade, constatait que la cupidité des maîtres de fabriques leur avait fait commettre des crimes comparables à ceux des *conquistadores* espagnols dans le Nouveau-Monde. « M. Broughton, magistrat de comté, disait le *London Daily Telegraph* en janvier 1860, déclarait, comme président d'un meeting, tenu à la mairie de Nothingham, le 14 janvier 1860, qu'il règne dans la partie de la population de la ville occupée à la fabrication des dentelles un degré de misère et de dénuement inconnu au reste du monde civilisé... Vers deux, trois et quatre heures du matin, des enfants de neuf à dix ans sont arrachés de leurs lits malpropres et forcés de travailler pour leur simple subsistance jusqu'à 10, 11 et 12 heures de la nuit. La maigreur les réduit à l'état de squelettes, leur taille se rabougrit, les traits de leur visage s'effacent et tout leur être se raidit dans une torpeur telle que l'aspect seul en donne le frisson... Que doit-on penser d'une ville qui organise un meeting public pour que le temps de travail quotidien pour les adultes soit réduit à dix-huit heures !... » Dix-huit heures !

Alors qu'une partie de l'humanité jeûne et que l'autre partie crève d'indigestion, les statistiques officielles annoncent impudemment que le monde civilisé produit beaucoup plus qu'on ne pourrait consommer. Quelle dérision ! et n'est-ce pas là le plus inexorable réquisitoire contre un tel ordre de choses ?

Aussi, jamais les antagonismes sociaux n'ont-ils été aussi nettement accusés. Depuis un siècle, le prolétariat bouillonne et, s'éveillant peu à peu à la conscience, à la vie, essaie ses forces dans des escarmouches sanglantes, prélude d'une bataille sans pareille.

Depuis les Hébertistes envoyés à la guillotine, *enragés* qui voulaient que la Révolution eût pour le prolétaire des résultats positifs, jusqu'aux anarchistes suppliciés à Chicago, quel interminable défilé de victimes !

Ce sont Romme, Bourbotte, Goujon, Duroy, Duquesnay,

Charles Malato

Soubrany, les derniers députés montagnards, se trouant la poitrine du même couteau devant le tribunal qui les a condamnés à mort pour avoir voté au peuple insurgé de prairial « du pain et la Constitution de 93. »

Ce sont Babeuf et Darthé, voués au même sort pour avoir rêvé le « bonheur commun », et qui, s'étant mal poignardés, gravissent à moitié cadavres les degrés de l'échafaud. Ce sont leurs amis, les conspirateurs de Grenelle, livrés au peloton d'exécution.

Ce sont les canuts lyonnais de 1831 qui, lassés d'un salaire de dix-huit sous pour dix-huit heures de travail, — un sou par heure ! — revendiquent, sous les plis du drapeau noir, le droit de « vivre en travaillant ou mourir en combattant » et, vainqueurs d'abord, puis amusés, mystifiés, trahis par ceux qu'ils ont épargnés, finalement vaincus grâce à leur crédule générosité, jonchent de leurs cadavres le champ de bataille de la Croix-Rousse. Deux ans et demi plus tard, alors que l'Europe tout entière tressaillira sous l'action des sociétés secrètes, prolétaires affamés et révolutionnaires bourgeois mêlés, poursuivant, les uns l'espoir d'un peu de bien-être, les autres le renversement de la monarchie, reprendront ensemble la lutte, non seulement à Lyon, mais à Saint-Étienne, à Grenoble, à Marseille, à Besançon, à Arbois, à Lunéville, à Paris enfin où le 35ᵉ régiment de ligne se couvrira de gloire par les massacres de la rue Transnonain.

Après la révolte lyonnaise de novembre 1831, premier engagement du prolétariat, arrive la bataille et quelle bataille ! Déçus dans leurs espérances, les travailleurs qui ont conquis la république sur les barricades de février, murmurent, s'agitent. L'insurrection ratée du 15 mai, tentée aux cris de « Vive la Pologne ! » a eu pour résultat l'emprisonnement des chefs révolutionnaires, Barbès, Blanqui. Mais la fermentation continue, mais les ateliers nationaux sont impuissants à servir plus longtemps de soupape de sûreté ! En dépit de Louis Blanc, perdu maintenant dans les bafouillages à la commission du Luxembourg, les ouvriers rêvaient autre chose que l'enrégimentation des salariés sous la férule de l'État à raison de huit francs par semaine. Aussi, logique dans son égoïsme bourgeois, la Constituante, sur la proposition de Falloux, décide-t-elle la fermeture de ces ateliers devenus foyers de propagande socialiste : cent mille prolétaires déambulent sur le pavé parisien.

CHAPITRE XIII

Le 23 juin, la lutte commence : la journée est houleuse ; des manifestations se déroulent le long des artères parisiennes. Sur les faubourgs passent les souffles des grandes révoltes : les ouvriers élèvent des barricades aux abords de la Bastille, du canal Saint-Martin et dans les quartiers populeux. Sur les boulevards, des coups de feu sont tirés, des postes désarmés. La rive gauche fermente : une foule de misérables envahit le Panthéon.

L'assemblée constituante frémit non de remords, mais de peur ; le massacre prémédité, qui débarrassera la société des importuns réclamant leur place au banquet, ce massacre pourrait bien tourner en défaite pour le pouvoir, en victoire pour l'insurrection. La garde nationale paraît d'un médiocre secours ; la troupe pourrait bien mettre crosse en l'air comme en février. Mais des adolescents grisés de bruit et de poudre seront d'excellents bourreaux : la garde mobile est lâchée.

Ces enfants du peuple, qui ignoraient pourquoi ils se battaient, se battirent bien : au grand ravissement de la bourgeoisie, ils furent implacables. « Cette garde mobile, jeunesse de Paris arrachée à l'émeute, écrivit Lamartine, a sauvé Paris et la France. » Entraînés par l'exemple, les autres corps massacrèrent consciencieusement : « Sabrez-moi cette canaille ! » hurlait le général républicain Clément Thomas. La canaille, c'étaient les combattants de février, auxquels l'Assemblée devait de vivre.

Cette bataille, qui dura trois jours pleins, coûta la vie à l'archevêque de Paris, Auguste Affre, tué devant le faubourg Saint-Antoine alors que, fidèle aux traditions de l'Église, mû peut-être par un mouvement de sincérité, il invitait les insurgés à déposer leurs armes pour reprendre le collier d'esclavage : toujours la vieille formule chrétienne « soumission ». Mais les prolétaires, affamés par trois mois de misère mis naïvement au service de la république bourgeoise, devenaient sourds à la voix des prêtres en dépit de leurs allures démocratiques. Une balle inconnue tua le prélat et la lutte se poursuivit jusqu'au 26. Dans la matinée, le faubourg Saint-Antoine, dernier asile de l'insurrection, fut emporté. Le chef des insurgés, Cournet, s'échappa et fut, plus tard, à Londres, tué en duel par Barthélémy qui avait commandé la barricade du faubourg du Temple. Cette barricade-là avait aussi opposé une résistance acharnée ; pour la prendre, il fallut percer les murs des

Charles Malato

maisons. Au reste, les insurgés, fusillés presque partout, vendirent chèrement leur vie ; le nombre d'hommes qui périt de part et d'autre n'a jamais été fixé d'une façon sérieuse, mais on peut juger des pertes de l'armée régulière par ce fait que six de ses généraux furent tués. L'un d'eux, Bréa, s'était avancé en parlementaire devant les insurgés du Panthéon et leur avait promis vie sauve ; ils se rendirent et furent passés par les armes. L'assassin, continuant sa marche victorieuse, se présenta à la barrière d'Italie et tenta de renouveler son stratagème. Reconnu par un fuyard du Panthéon, il fut arrêté et subit la peine du talion. « Je nous ai *revengés* », déclara plus tard, devant le tribunal, Nourrit, insurgé de dix-sept ans, qui fut condamné comme meurtrier aux travaux forcés à perpétuité et dont on n'eut plus jamais de nouvelles. Deux autres accusés, Daix et Lahr, subirent la peine capitale [44].

Massacre dans les rues, fusillades sommaires dans les caves de l'École militaire, du Luxembourg et des forts, transportations en masse, rien ne manqua au triomphe de l'ordre.

« … On fait des milliers d'arrestations, écrivait Proudhon (lettre à M. Maguet en date du 28 juin), si l'instruction est sévère, il faut s'attendre à voir vingt mille citoyens jetés en prison [45]. Un décret de l'Assemblée nationale, rendu cette nuit, les livre tous à une commission militaire et leur applique la déportation au delà de l'Océan. Les bourgeois vainqueurs sont féroces comme tigres. » C'est partie remise, estimait le philosophe qui, englué à la Constituante, n'avait su que flétrir la cruauté des vainqueurs, et il ajoutait : « L'Assemblée nationale offre un spectacle désespérant par l'indécision et la stupidité. Ce sont les vendeurs du temple qui agiotent sur la république. Je ne serai soulagé que quand le peuple nous chassera tous à coups de pied. » Partie remise… hélas ! la saignée avait été trop forte et, malgré les efforts des socialistes militants, la classe qui avait écrasé le prolétariat acheva logiquement son œuvre, trois ans plus tard, en acclamant dans l'aventurier de décembre le pouvoir fort, capable de sauver la religion, la famille et la propriété.

Phénomène remarquable et qui est le plus sûr indice d'un prochain bouleversement social, les luttes politiques, au cours de ce siècle, sont devenues de moins en moins sanglantes, c'est ainsi que la révolution de février fut moins meurtrière que les *trois*

CHAPITRE XIII

glorieuses de juillet, que celle du Quatre Septembre fut tout à fait pacifique et que la chute du président Grévy, le 2 décembre 1887, — véritable révolution de palais ! — ne fit pas couler une goutte de sang ; tandis que les luttes économiques ont constamment progressé dans le tragique. Les grèves deviennent de plus en plus offensives ; l'antagonisme des classes s'accentue : qu'avait été la répression lyonnaise de 1831 auprès des massacres de juin ! Juin, à son tour, pâlit devant les hécatombes de la *Semaine sanglante*.

Le mouvement insurrectionnel du 18 mars 1871 ne fut pas socialiste à son origine. Issu de l'exaspération populaire contre un gouvernement qui, par peur de la révolution, avait livré Paris, âme de la France, aux armées allemandes, il fut au début patriotique et républicain ; mais des tendances socialistes s'y firent jour, malgré les difficultés de la situation et les fautes du gouvernement communaliste tiraillé entre jacobins, blanquistes et internationaux. Ces derniers formaient l'élément studieux mais enclin au modérantisme, la pire des politiques en temps de révolution ; parmi eux, Malon, Lefrançais, Vermorel, Varlin, Longuet depuis rapproché de la bourgeoise radicale, avaient une valeur réelle : Leur idéal tendait à une décentralisation politique, — la commune s'administrant par ses mandataires élus, — et à une centralisation économique, — l'État se substituant à l'oligarchie capitaliste comme propriétaire du sol, des canaux, des mines, des chemins de fer, de l'outillage industriel : en somme le collectivisme. Avec tout cela, ces hommes arrivés au pouvoir restèrent, jusqu'au dernier jour, petits garçons devant le gouverneur de la Banque et le haut personnel des établissements financiers. Ils ne surent rendre, en faveur du peuple, que deux misérables décrets, l'un remettant les termes de loyer échus (octobre 1870, janvier et avril 1871) que les prolétaires, épuisés par le siège, étaient absolument hors d'état de payer ; l'autre restituant les objets engagés au Mont-de-piété pour une somme inférieure à vingt francs. Ils y joignirent, vers la fin, la promesse d'une pension aux veuves des fédérés tués à l'ennemi, alors que la victoire devenait de plus en plus impossible. C'était peu pour résoudre la question sociale, aussi la masse les abandonna-t-elle : la Commune, acclamée à son début par deux cent mille fédérés, n'eut pas, dans les derniers temps, plus de quinze mille défenseurs convaincus. Il est vrai que, dans leur manie de jouer

Charles Malato

aux stratèges, les romantiques qui s'étaient attribués la direction des opérations militaires avaient privé l'armée insurrectionnelle d'environ douze mille hommes tués, blessés grièvement ou faits prisonniers dans les combats livrés sous Paris.

La situation était inextricable : au dehors, l'armée allemande prête à donner la main à l'armée de Versailles ; au dedans, la réaction ; pour les clairvoyants, la victoire était impossible, mais les fautes de la Commune précipitèrent le dénouement. La plus grande avait, cependant, été commise par le comité central, émanation des bataillons fédérés, qui, maître de la situation dès le soir du 18 mars avait perdu huit jours à scrutiner, comme si les révolutions ont besoin d'être légalisées ! Pendant ce temps, les troupes de *l'ordre,* repliées sur Versailles à moins de dix mille hommes, se réorganisaient ; de partout, les renforts leur arrivaient : de la province, toujours inquiète, toujours jalouse de Paris ; des forteresses d'Allemagne qui vidaient cent mille prisonniers, Thiers et Bismarck s'étant entendus promptement. Et lorsque, le 3 avril, conduits par des généraux improvisés, — Eudes, élève pharmacien, Duval, fondeur, Bergeret, commis-voyageur, Flourens, érudit, qui voulait être « un Aristote doublé d'un Alexandre », — les fédérés voulurent réparer le temps perdu, il était trop tard. Sur tous les points, Rueil, Bas-Meudon, Châtillon, ils furent repoussés, perdant quantité de morts et surtout de prisonniers. Parmi ces derniers, beaucoup furent passés par les armes : Flourens et Duval furent du nombre. Le premier, type de paladin qui aimait manier alternativement la plume et l'épée, avait déjà combattu pour l'indépendance crétoise, tenté une émeute contre l'empire et failli renverser le gouvernement de la Défense nationale au 31 octobre. Surprises par le canon du Mont-Valérien que l'on croyait neutre, ses troupes s'étaient disloquées, avaient fui : lui était demeuré. Des gendarmes l'arrêtèrent dans une chambre, à Rueil, et, d'un coup de sabre, le capitaine Desmarets lui fendit la tête. Duval, qui avait eu l'imprudence, se croyant général, de conduire à la défaite l'aile gauche des fédérés, ne voulut pas abandonner la partie. Cerné sur le plateau de Châtillon, il fut pris et passé par les armes : il mourut fièrement au cri de : « Vive la Commune ! »

Dès lors, chaque jour renouvellera ces scènes tragiques : prisonniers fusillés, blessés torturés, ambulancières violées ; les

CHAPITRE XIII

soldats de Forbach, de Reischoffen, de Sedan et de Metz, revenus des prisons allemandes avec le besoin effréné de se venger de leurs défaites sur n'importe qui ; des troupeaux lamentables de fédérés défilant dans les rues de Versailles sous les injures, sous les coups d'une population hurlante faite de toutes les écumes : crevés bonapartistes, francs-fileurs du siège précédent, journalistes bien pensants fraternisant avec la police, prostituées de toutes marques, *paillasses* à soldats ou maîtresses d'officiers, fouillant les blessures du bout de leur ombrelle, chiennes en rut de sang, excitant les bourreaux de leurs glapissements aigres.

La Commune s'était montrée bénigne jusqu'à la faiblesse : elle avait, à la vérité, rendu un décret sur les otages, mais avec l'intention de ne pas l'appliquer, mesure purement comminatoire. La plupart des exécutions imputées aux fédérés furent l'œuvre de la spontanéité populaire : le matin même du 18 mars, les généraux Clément Thomas, arrêté par des prolétaires qui s'étaient rappelés Juin, et Lecomte, empoigné par ses soldats eux-mêmes indignés de s'entendre commander feu sur la foule, avaient été fusillés. Ce fut tout jusqu'au milieu de la *semaine sanglante* : lorsque des prisonniers, espions comme Veysset, journalistes réacteurs comme Chaudey, escrocs de finance comme Jecker, magistrats de l'empire comme Bonjean, gendarmes, gardiens de la paix, prêtres, en tout moins de cent personnes, furent passés par les armes, le sang ruisselait déjà depuis plusieurs jours dans les rues de Paris transformé en abattoir.

Le massacre fut effroyable. La lutte aux barricades avait été, en somme, peu meurtrière pour les fédérés bien abrités ; le rapport officiel prétend que les troupes régulières n'eurent pas plus de 63 officiers et 430 soldats tués ; si c'était vrai, il faudrait en inférer qu'à peine quelques centaines de communards furent tués en combattant. Or, un académicien des plus férocement réactionnaires, Maxime Ducamp, dans ses « *Convulsions de Paris* », avoue 6,667 cadavres de Parisiens, nombre qu'il convient au moins de tripler : « La République, dit-il, gouvernement pour ainsi dire anonyme et même, jusqu'à un certain point irresponsable, par le fait seul de son principe, qui est la collectivité, déploya dans la répression une énergie dont toute monarchie eût été incapable ». Femmes, enfants et vieillards fournirent un immense contingent au massacre qui

Charles Malato

se prolongea plusieurs jours après la bataille. Six cent cinquante-et-un enfants de moins de seize ans, disent les écrivains officiels, avaient été pris les armée à la main.

Deux des meilleurs parmi les membres de la Commune choisirent ce moment pour mourir. Charles Delescluze, sexagénaire, brisé par l'exil et le bagne, avait voué sa vie à la République. Quand éclata la Commune, il eut le grand cœur, malgré son vieux jacobinisme, de venir parmi ceux qui représentaient l'idée socialiste et décentralisatrise. Délégué à la guerre depuis le 9 mai, il n'avait pu ramener sous les plis du drapeau rouge une victoire impossible. Du moins, il donna jusqu'à son dernier souffle. Combien devait-il souffrir cet homme austère aux gamineries de bourgeoisillons en goguette égarés dans cette révolution prolétarienne ! « Croyez-vous donc, disait-il amèrement à Pyat, cherchant à s'évader par une démission, que tout le monde approuve ce qui se fait ici ? Eh bien, il y a des membres qui sont restés et qui resteront jusqu'à la fin, malgré les insultes qu'on nous prodigue et, si nous ne triomphons pas, ils ne seront pas les derniers à se faire tuer soit aux remparts soit ailleurs. » Et quand, entrés dans Paris par la porte de Saint-Cloud abandonnée, les Versaillais vont étrangler la Commune, le jacobin Delescluze, au grand scandale des galonnés incapables, s'écrie dans une proclamation demeurée célèbre : « Plus d'états-majors ! plus de chefs ! place au peuple. » Puis, cet autoritaire, qui proclame ainsi l'anarchie, adresse à sa sœur une lettre touchante et va se faire tuer à la barricade du Château-d'Eau.

L'autre, Vermorel, publiciste de vingt-neuf ans, représentait l'élément socialiste et studieux. Poursuivi par une infâme accusation de mouchardage, en butte aux attaques du romantique Pyat, il chercha la mort comme Delescluze et, atteint en relevant un fédéré blessé, expira peu de jours après. Ces deux hommes, séparés par le caractère, réunis par la mort, représentaient les deux pôles de la Commune.

La veille, leur collègue Rigault avait été fusillé rue Gay-Lussac. Millière, que sa qualité de député rendait légalement inviolable et qui n'avait pris à la lutte aucune part effective, subit le même sort : il était socialiste ! De même pour le docteur Tony-Moilin, publiciste de talent très aimé dans son quartier. Le 28, ce fut le tour de Varlin, ouvrier actif, intelligent, de grand cœur, qui consacra sa

CHAPITRE XIII

vie à l'affranchissement de ses frères. Il s'était efforcé d'empêcher le massacre des otages et fut arrêté sur la dénonciation d'un prêtre ! Traîné sous les injures et les coups d'une foule animalisée que la peur rendait féroce, frappé, déchiré, sanglant, il gravit, véritable calvaire, la montagne de Montmartre et jugé, condamné séance tenante, tomba foudroyé à quelques pas de l'endroit où, le 18 mars, étaient tombés Clément Thomas et Lecomte.

Les guerres civiles sont les seules logiques car, dans un camp au moins, celui des révoltés, on sait pourquoi l'on se bat ; mais elles sont aussi les plus impitoyables. Il ne s'agit plus d'un différent qu'on pourra régler par voie diplomatique après quelques coups échangés ; il s'agit d'une idée absolue qui doit dominer ou disparaître. L'enthousiasme, cette forme du fanatisme, est bien plus surexcité : en même temps, les passions s'aiguisent davantage. Quoi, cet homme, qui parle ma langue, qui coudoie ma vie, ne pense pas comme moi ! Quoi, cet autre, riche qui m'éclabousse dans la rue ou pauvre dont la misère m'offusque, ose opposer ses intérêts aux miens ! Ce fonctionnaire me défie, ce voisin me nargue, cette femme me dédaigne, affaire d'opinions, de parti ou de caste. Et le contact prolongé de ces éléments antagonistes d'incuber un conflit, qui latent d'abord, se transformera en guerre sans pitié.

Jamais, depuis le sac de Magdebourg par Tilly, ville n'avait offert un spectacle comparable à celui de Paris, conquis après une bataille de sept jours par les troupes de Versailles. À chaque coin de rue, on fusillait ; des colonnes de prisonniers s'engouffraient dans les casernes pour n'en plus ressortir. Au Père-Lachaise, on tuait à la mitrailleuse, système plus expéditif. Les dénonciations pleuvaient : on dénonçait par vengeance, on dénonçait par peur, on dénonçait par dilettantisme. Les promeneurs se dévisageaient avant de s'aborder ; débiteurs et créanciers tremblaient de se rencontrer. Dans ce concert de délations, les marchands de vins et les concierges firent rage. La presse conservatrice, saisie d'un délire rouge, la presse républicaine avancée, muette de peur, tremblante d'être compromise si elle élevait la voix, furent immondes.

Livré aux bourreaux après la bataille, comme l'avait été son collègue Varlin, Ferré fut condamné à mort, par le 3e Conseil de guerre siégeant à Versailles ; il eut pour compagnons de supplice, au poteau de Satory, Rossel et Bourgeois. Ces trois hommes

Charles Malato

étaient bien différents : le premier, en qui revivait l'âme ardente des hébertistes, ne fléchit pas un instant : il montra devant ses juges un indomptable mépris. Plus que tout autre, il avait tenu la main aux mesures révolutionnaires ; plus que tout autre, il fut en butte aux accusations souvent contradictoires de témoins ivres d'un beau zèle gouvernemental. Rossel, officier patriote et ambitieux, fourvoyé dans un soulèvement prolétarien qu'il ne comprit pas et qu'il abandonna en route, fut condamné malgré le mouvement d'opinion tenté en sa faveur par une jeunesse bourgeoise qui reconnaissait en lui un des siens, un « égaré » non un ennemi conscient. Bourgeois, sergent de l'armée régulière, s'était battu dans les rangs fédérés ; nature douce et pensive, il avait senti, sans chercher à voir plus loin, que soldats et ouvriers sont même chair et même sang. Tous trois moururent avec courage, le 28 novembre 1871 : Ferré en appelant à la justice de l'avenir ; Rossel s'attardant en quelques adieux à son pasteur — il était protestant — et aux officiers versaillais, ses anciens camarades ; Bourgeois, sans emphase.

En même temps que Ferré, seize des chefs de l'insurrection parisienne, — membres de la Commune ou du Comité central, — avaient été condamnés les uns au bagne, les autres à la déportation ou à la prison. Le lieutenant de vaisseau Lullier, fou alcoolique qui s'était mêlé au mouvement pour le trahir ensuite, fut commué de la peine de mort à celle des travaux forcés. Un seul des dix-sept accusés, Ulysse Parent, qui, élu membre de la Commune comme le bourgeois Ranc, avait, de même que celui-ci, démissionné dès les premiers revers, fut acquitté. Les pontons et les geôles s'emplissaient de quarante mille malheureux ; les navires de l'État en transportèrent six mille à la Nouvelle Calédonie.

La chute de la Commune fut le signal d'une réaction européenne. Pendant que les contumax s'efforçaient de gagner Genève ou Londres, jetant sur leur passage une semence d'idées nouvelles, les gouvernements s'unissaient pour proscrire l'Internationale. En France, la loi du 14 mars 1872, défendit sous peine d'amende et de prison, toute association ayant pour but de supprimer la propriété, la famille, la patrie et la religion : le contre-coup s'en fit sentir un peu partout. Un moment une éclaircie eut lieu du côté de l'Espagne : contre la république bâtarde des Castelar et autres politiciens

CHAPITRE XIII

de profession, le peuple de Carthagène s'insurgea, proclamant la *Souveraineté cantonale*. Révolution sinon socialiste, du moins décentralisatrice. Maîtres des défenses extérieures et de l'escadre, tirant des mines de Las Herrerias des ressources financières, les rebelles tinrent six mois. Enfin, en janvier 1874, l'*ordre* fut rétabli avec son cortège obligé de mesures répressives.

En Italie, le socialisme commençait à pousser des racines profondes. Longtemps, l'influence de Mazzini avait dominé exclusivement dans les couches populaires. Tenace, infatigable, l'apôtre de l'unité italienne marchait droit à la réalisation de son rêve : une république centralisatrice ayant pour capitale Rome reconquise sur la Papauté et destinée à redevenir l'âme du monde. C'était méconnaître absolument l'évolution qui appelle, les uns après les autres, les peuples à un rôle prépondérant, qui crée sans cesse des formes nouvelles, modifie les idées, les mœurs, les besoins. Mazzini éliminait le pape de son Italie républicaine mais il prêchait, en remplacement d'un culte démodé, un haut idéalisme qui se payait de grands mots : Dieu, peuple, patrie, amour, devoir, progrès, coupant court à toute liberté d'opinions, à toute analyse scientifique par des formules faites d'avance, apprises par cœur et imposées comme articles de foi. La république de Mazzini fût devenue épouvantablement despotique ; l'État, à la fois pape et roi, eût fait regretter la monarchie et la papauté. Garibaldi, plus large d'esprit, — il défendit la Commune contre son compatriote, — plus homme du peuple, surtout, n'était pas à même d'opposer des idées positives au clinquant vide et sonore par lequel les démocrates bourgeois, avides de pouvoir, captaient un peuple ignorant.

Les nations ont leurs phases de jeunesse, maturité et décrépitude. La guerre de l'Indépendance avait exalté tous les sentiments chauvins, un enthousiasme romantique, qui s'alliait bien au caractère méridional, détournait des études sérieuses. À qui parlait changement économique, transformation du régime propriétaire, intérêts ouvriers, fin du salariat, on répondait par ce cri menaçant : « *Fuori i barbari !* [46] » Et souvent le cri se terminait par un geste de mort. Aussi les débuts de l'Internationale, antérieurement à 1870, furent-ils marqués par une lutte terrible : socialistes et mazziniens recouraient au poignard comme suprême argument. Cela dura plusieurs années : cependant, une fois l'Autrichien chassé, Rome conquise, l'activité populaire demandait un nouvel aliment. Les agitateurs, compagnons de Bakounine, avaient beau jeu à montrer à la masse les palinodies des libéraux et des patriotes dont l'avènement au pouvoir ne modifiait en rien la situation misérable du prolétaire. L'industrialisme, d'ailleurs, envahissait la péninsule à pas de géant : les belles filles du Transtévère, oubliant leurs rires et leurs gaies chansons au soleil, s'entassaient dans des fabriques sous la direction rigide de contre-maîtres anglais ; les jeunes Siciliens, à l'intelligence si précoce, s'étiolaient dans le travail meurtrier des solfatares. Les filatures d'étoffes se multipliaient dans le Nord, Milan faisait ronfler ses usines où s'aggloméraient Lombards, Piémontais, Vénitiens, Tyroliens, — agglomération qui a produit un énorme mouvement d'idées et fait de Milan la capitale morale de l'Italie.

Au premier rang des socialistes militants, se trouvait Carlo Cafiero, fils d'un richissime propriétaire de Barletta et âgé d'un peu plus de trente ans. Il n'était pas sans analogies avec Flourens : comme le général de la Commune, Cafiero pouvait prétendre à une vie de plaisir ou d'étude, à son choix, au sein de la bourgeoisie dorée ; comme Flourens, il était brave jusqu'à l'héroïsme, confiant jusqu'à la naïveté, doux, poli, généreux, d'une érudition profonde. Le paysan, l'ouvrier aimaient écouter ce bel homme à la barbe blonde, au doux sourire de Christ, éloquent, persuasif parce qu'il parlait avec son âme. Semblable à ces patriciens des premiers siècles qui, séduits par une morale supérieure, embrassaient le christianisme après avoir distribué leurs biens aux pauvres, le jeune socialiste avait abandonné une situation considérable et consacré sa fortune, son talent, ses forces à la propagande du verbe nouveau. Ami de Bakounine, il creusa, élargit les théories formulées par celui-ci, proclamant comme idéal non plus le collectivisme, c'est-à-dire la répartition selon les œuvres (et en effet, dans l'état actuel de l'industrie où le même objet passe par mille mains, il est impossible de discerner l'œuvre de chacun), mais le communisme, c'est-à-dire la libre prise par chacun dans une production surabondante. Et, rempli de son idée, avide de la faire passer dans le domaine des faits, croyant que la misère de plus en plus grande du paysan napolitain pouvait porter celui-ci à la révolte, il eut une tentative d'une bravoure folle. À la tête d'une troupe peu nombreuse dont faisaient partie Malatesta et Ceccarelli, socialistes connus, il se mit en campagne dans les premiers jours d'avril 1877, se montra d'abord à San-Lupo, puis à Bénévent, à San-Gallo, brûlant les archives, chassant les autorités et appelant le peuple à une vie nouvelle. Mais une masse ignorante ne se convertit pas ex-abrupto à des théories inconnus : le *cafone,* moderne ilote des campagnes napolitaines, accoutumé d'assister le brigand improvisé redresseur de torts, resta sourd aux exhortations des révolutionnaires. Surpris dans une ferme de Letino, le 11 avril, au soir, après une campagne de six jours, Cafiero fut arrêté avec ses amis et condamné à la prison. Les marxistes français, fougueux révolutionnaires de cabinet, crurent bon de railler ces hommes qui avaient payé de leur personne. Jules Guesde, qui n'a jamais exposé sa vie, les traita de « fuyards ». Plus tard, Cafiero, amnistié, se rendit en Suisse, participa, en octobre 1880, au Congrès de la Fédération jurassienne, réuni à la Chaux-de-Fonds, voyagea en Angleterre, continuant partout à prodiguer activité et argent, dupe souvent de son bon cœur. Puis, il revint brusquement en Italie : sa santé s'était ébranlée ; le chagrin de voir indéfiniment ajournée la réalisation de ses espérances, d'autres disent un amour déçu, obscurcit sa lucidité d'esprit. Cafiero, arrêté à Milan, fut reconnu fou, — peut-être ne l'était-il pas complètement, — et transféré dans un asile d'aliénés où son mal ne fit qu'empirer. Devenu complètement inoffensif pour la monarchie italienne, il a été récemment mis en liberté sous la responsabilité de sa femme et de ses amis.

Un an après l'échauffourée de Bénévent, un homme obscur et résolu, le cuisinier Passanante, tentait de frapper le roi Humbert d'un coup de couteau. Arrêté sur le champ, il ne s'émut pas, exprima sans forfanterie sa compassion un peu amère pour la plèbe servile, sa haine de la tyrannie et déclara qu'il avait voulu non tuer, mais stigmatiser le souverain (*fare uno sfregio*) pour le rendre ridicule à ses adorateurs. « Acte d'un fou », déclarèrent les intransigeants bourgeois habitués à prêcher la révolte, à condition de ne prêcher que de paroles et toujours reculer devant le fait accompli. Mais les médecins déclarèrent l'accusé ni fou ni même fanatique : tout simplement un homme convaincu autant qu'honnête, prêt à donner sa vie pour ses idées. Le 6 mars 1879, Passanante comparut à Naples devant les juges royaux dont il nia la compétence. Sa

Charles Malato

défense fut énergique :

« Je n'ai, dit-il, été offensé personnellement ni par le roi ni par le gouvernement actuel. Je n'ai pas la haine de Humbert de Savoie, mais j'ai en haine tous les rois, car ils empêchent la réalisation de mon idéal, la République universelle.

» La majorité qui se résigne à son sort est coupable ; c'est à la minorité à la rappeler à son devoir.

» Les réformes politiques n'aboutissent à rien.

» L'ancien gouvernement était symbolisé par les trois F : Festa, Farina, Força [47]. Le gouvernement actuel peut l'être par trois P : Parlate, Pagate, Piangete [48].

« Dans ma tentative, je n'ai pas eu de complices ; encore moins suis-je un mandataire. »

Passanante, condamné à mort, fut, malgré ses protestations, gracié par la clémence royale et envoyé au bagne de Porto-Longone (île d'Elbe), pire que la mort. Trois ans plus tard, il y fut joint par Amilcare Cipriani, insurgé de la Commune parisienne, qu'une amnistie n'avait tiré de la Nouvelle-Calédonie que pour le rendre aux gouvernants italiens. Ceux-ci, exhumant une vieille affaire de rixe arrivée en Égypte et dans laquelle Cipriani attaqué avait tué son agresseur, venaient de condamner le révolutionnaire, non plus comme rebelle, mais comme assassin. Déshonorer l'ennemi que l'on n'a pu tuer, il n'est pas de parti politique qui n'emploie ce procédé qui réussit presque toujours sur une foule crédule, prête à accueillir toutes bourdes calomnieuses comme paroles d'évangile. Cipriani demeura huit ans au bagne, mais, pendant ce temps, le socialisme marchait : les mesures rigoureuses prises au lendemain de l'attentat de Passanante : arrestations, mises en surveillance (*ammonizione*), résidence forcée (*domicilio coatto*), expulsions d'étrangers, procès de presse n'avaient fait, comme toujours, que donner une publicité et une force nouvelles aux idées combattues. Milan, Mantoue, Livourne, Gênes, Ancône étaient devenus des foyers de propagande socialiste ; dans les Romagnes, un formidable mouvement d'opposition manifestait sur le nom de Cipriani ; par neuf fois consécutives, le condamné fut élu dans les collèges de Ravenne et de Forli. À la fin, le gouvernement, troublé de cette ténacité, pensant, d'autre part, se concilier des éléments

CHAPITRE XIII

jadis irréconciliables, signa une grâce. Cipriani, au bout de huit ans, sortit de son sépulcre. Passanante, traité avec une horrible barbarie, brisé d'esprit non moins que de corps, achève de s'éteindre dans un cabanon. Passanante eut des imitateurs en Espagne ; le tonnelier Moncasi, le pâtissier Otero. Tous deux échouèrent dans leur tentative contre le roi Alphonse XII et furent étranglés après avoir subi des des tortures atroces.

À partir de cette époque, le mouvement révolutionnaire se traduisit en Espagne par des actes terribles. Dans les provinces du Sud, notamment en Andalousie, des incendies allumés par des mains inconnues dévoraient récoltes, fermes, villas ; les bestiaux disparaissaient ou mouraient empoisonnés ; de riches propriétaires, haïs pour leur rapacité, étaient frappés. Les églises, même dans les grandes villes, n'étaient pas épargnées ; souvent, au milieu de la messe, un fracas sourd retentissait, le maître-autel s'abîmait dans un nuage de plâtras, pendant que le prêtre éperdu se signait, que les femmes s'évanouissaient, que les fuyards se bousculaient aux portes : un cierge creux, bourré de dynamite, venait de faire explosion. Les autorités impuissantes, la population troublée se murmuraient le nom collectif sous lequel se dissimulaient les mystérieux exécuteurs « la *Mano negra* » (la main noire).

Qu'étaient ces hommes ? Des anarchistes, déclarait le gouvernement. — De vulgaires assassins, ripostèrent les anarchistes membres de la Fédération, nous sommes organisés légalement (« légalement », quel mot !), nos statuts sont connus, nous n'opérons qu'au grand jour.

Dans cette querelle, c'était le gouvernement qui disait vrai.

Fille des sections adhérentes à l'ancienne Internationale, la Fédération espagnole, groupant les associations ouvrières en un vaste réseau, comptait dès septembre 1883, cinquante mille membres anarchistes-collectivistes. Ceux-ci, plus habiles, plus tenaces que leurs compagnons de France, avaient su pénétrer dans les syndicats qui sont l'âme même de la masse ouvrière. Mais aussi leur esprit s'était rétréci dans les détails d'une organisation par trop faite à l'avance. Ils n'avaient pas su garder un juste-milieu entre l'enthousiasme irréfléchi pour des idées abstraites et le tâtillonnement des systématiques, entre une autonomie mal

Charles Malato

entendue allant jusqu'à l'isolement et la discipline autoritaire : par bien des côtés, ils reproduisaient les possibilistes français. Les attentats de la *Mano negra,* survenant au milieu du développement de leur parti, leur causèrent une irritation profonde ; surveillés de près par les autorités et craignant des poursuites qui eussent pu amener une dislocation, les membres de la Fédération ne voulurent pas admettre que les incriminés fussent des tirailleurs d'avant-garde commençant, à leurs risques et périls, cette guerre à la bourgeoisie que se contentaient de chanter les écrivains révolutionnaires ; ils se hâtèrent de les désavouer.

Bien plus, inconséquents avec leurs théories, ils en arrivèrent à demander quelque chose au gouvernement. Après avoir proclamé l'inanité de toute action légale, ils mirent au nombre de leurs desiderata immédiats la réduction de la journée de travail à huit heures, revendication formulée depuis par les partis socialistes parlementaires de tous pays, mais qui ne peut, en aucune manière, soulager l'ouvrier, le prix des salaires et celui des objets de consommation étant fatalement liés au temps de travail. En outre, pour faire disparaître le prolétariat rural, la Fédération demandait que les grandes propriétés fussent morcelées et affermées, réforme qui n'eût pu être profitable qu'à un certain nombre de paysans, non à tous, et qui se rapprochait beaucoup plus du partage que du collectivisme. Ce manque d'esprit révolutionnaire détermina une dislocation, cette dislocation que craignaient les timorés et par peur de laquelle ils avaient répudié la *Mano negra :* nombre de collectivistes anarchistes rompirent leurs attaches avec la Fédération, tandis que les communistes, encore peu nombreux, formaient des groupes séparés.

En mars 1883, les arrestations pour affiliation à la *Main noire* s'élevaient à plus de deux mille. Un procès monstre commença deux mois plus tard, dans lequel le ministère public demanda la peine de mort contre trente personnes.

Le passage suivant d'une ordonnance du gouverneur d'Andalousie mérite d'être cité ; il donnera une idée de l'affolement qui régnait dans les sphères administratives :

« 5° Dans le cas de dégâts ou d'incendies qui ne pourront être regardés comme accidentels, seront considérés comme auteurs

CHAPITRE XIII

présomptifs les individus qui se trouveront dans les environs des lieux dévastés et, à défaut d'eux, ceux qui composent le conseil local de la soi-disant Association des Travailleurs. Les arrêtés seront mis à la disposition de l'autorité judiciaire, à laquelle incombe la tâche d'instruire le procès et d'éclaircir les faits. »

Le 6 juillet 1884, le *Révolté,* journal anarchiste de langue française, écrivait :

« Sept des nôtres ont été exécutés par le *garote vil,* sous l'inculpation d'affiliation à la *Mano negra.* Nos amis sont morts avec courage ; plusieurs ont parlé à la foule de leurs idées socialistes pour lesquelles ils mouraient. Il a fallu la force armée considérable que l'on avait mise sur pied pour empêcher la foule de tomber sur les exécuteurs. L'hostilité de la population était si prononcée que le bourreau avait donné sa démission pour ne pas être forcé de prendre part à l'exécution. »

Les pays latins n'ont pas seuls produit ces révolutionnaires au cœur ardent, à l'esprit froid qui, embrassant d'un coup d'œil les causes et les conséquences, sont allés, insoucieux de l'opinion, indifférents au péril, déclarer la guerre au vieux monde.

Les anarchistes pendus à Chicago, le 11 novembre 1887, se sont montrés d'un héroïsme simple et grandiose. Au cours d'une grève fomentée dans cette ville par l'association des « Chevaliers du travail », une bombe, lancée sur les policiers qui massacraient la foule paisible, avaient étripé sept d'entre eux. Les autorités résolurent de faire un grand exemple. Un procès sans pareil commença contre Auguste Spies, Michel Schwab, Louis Lingg, George Engel, Adolphe Fischer, Oscar Neebe, Samuel Fielden, Albert Parsons. Les six premiers étaient d'origine allemande, le septième Anglais, le dernier, seul, natif des États-Unis. Jamais la justice américaine n'étala sa corruption avec plus d'impudeur : tous les témoins furent subornés. L'instruction constatait que la bombe avait été jetée par un nommé Schnaubel, celui-ci ne fut même pas recherché : on voulait détruire le parti révolutionnaire dans ses orateurs et ses écrivains les plus militants. « Il n'y a pas de preuves, déclara le procureur Hunt, que l'un ou l'autre des accusés puisse être mis en relation quelconque avec le meurtre commis par la bombe jetée sur les policiers, mais ils ont tous participé

Charles Malato

à une conspiration générale pour renverser l'ordre existant. »
Conspiration bien générale, en effet, puisqu'elle subsiste à travers
les siècles et compte pour complices les millions de penseurs ou de
malheureux, qui poursuivent l'avènement de la justice sociale ! Et
le procureur Grinnel, sinistre figure d'inquisiteur, surenchérissait :
« Ce procès est la condamnation ou l'acquittement de l'anarchie ; il
est fait aux principes de l'anarchie, parce que ces principes font la
base de la conspiration : l'anarchie doit être condamnée. »

Elle le fut, en effet. Après une admirable défense où ils se
montrèrent successivement profonds, enthousiastes, simples,
énergiques, ils furent frappés sans pitié ; quinze ans de prison pour
Neebe, la mort pour les autres : plus tard, Schwab et Fielden furent
commués aux travaux forcés à perpétuité.

Ici se place un incident idyllique faisant rêver d'une rose
entr'ouverte sur un cercueil. Une jeune fille au nom gracieux de
Nina, belle, cela va sans dire, et appartenant à la notable famille
Van Zandt, s'était prise d'enthousiasme pour Spies, courbant ses
juges sous sa parole de martyr. Intrépidement, elle le fit demander
en mariage ; les geôliers, atterrés de cette énormité, qui témoignait
combien la cause des condamnés avait éveillé de sympathies jusque
dans les classes dirigeantes, refusèrent de procéder à la cérémonie.
Spies, qu'attendait la mort, cette autre fiancée jalouse, dut envoyer
procuration à son frère pour contracter le mariage.

Quinze mois d'agonie s'écoulèrent entre le procès et l'exécution.
La ville entière, travaillée au début par des agents secrets, était
redevenue favorable aux condamnés. Les demandes de grâce,
les menaces aussi pleuvaient de tous les coins du monde : on ne
pouvait croire que l'exécution eût lieu. Enfin, les anarchistes purent
entendre de leurs cellules le marteau des charpentiers clouant leurs
cercueils. Tout était dit ; mais Lingg, le plus bouillant d'entre eux,
ne voulut pas donner à ses ennemis la joie de l'accrocher au gibet :
il se procura une cartouche remplie de fulminate : l'écrasa entra
ses dents et tomba mourant ; les gardiens, accourus à l'effroyable
détonation, le trouvèrent étendu dans une mare de sang et la tête
épouvantablement fracassée. Les autres marchèrent au supplice
en entonnant la *Marseillaise,* comme les premiers chrétiens
descendaient dans le cirque en répétant des cantiques. « Salut,
s'écria Spies, temps où notre silence sera plus puissant que notre

CHAPITRE XIII

parole qu'on étrangle ! » « Vive l'anarchie ! » crièrent Engel et Fischer. Parsons commençait un discours : « Hommes et femmes d'Amérique... » le bourreau l'interrompit. Quelques secondes après, quatre grands cœurs avaient cessé de battre.

Toutes les forces militaires et policière de la ville avaient été mises sur pied : le peuple, consterné, n'osa bouger. Mais l'impression fut immense, non seulement en Amérique, où ces champions du prolétariat universel furent comparés au défenseur des noirs, John Brown, pendu comme eux, mais dans le monde entier. Les révolutionnaires latins, principalement, considérèrent Spies et ses amis comme les martyrs d'une foi nouvelle, et le 11 novembre devint la date anarchiste par excellence. Enthousiasme dangereux, pour tant admirables qu'aient été les suppliciés, car il témoigne d'un religiosisme invétéré, du besoin de divinisations et d'apothéoses que n'ont pu vaincre encore les esprits les plus émancipés. Quelle bizarrerie de voir des iconoclastes élever de nouveaux autels à côté des autels abattus !

Parsons, enthousiaste érudit, a laissé un ouvrage traduit maintenant dans plusieurs langues : *L'Anarchie, sa philosophie, ses bases scientifiques*. Sa compagne, fidèle aux convictions du mort qu'elle partageait, poursuit avec autant de courage que de talent l'œuvre de propagande.

C'est surtout parmi les peuples comprimés sous un joug de fer que couve la révolte : révolte qui ne fuse pas en cris, en chansons et en satires, mais qui, se concentrant indéfiniment, détermine à la longue des explosions terribles.

L'empereur qui avait ceint la couronne de Frédéric Barberousse et que l'Europe entière contemplait avec terreur, a vu se lever contre sa poitrine les armes du ferblantier Hœdel et du docteur Nobiling. Le premier l'a manqué et, sur l'échafaud, a envoyé un suprême salut à la révolution vengeresse. Le second a eu la main plus sûre : de son fusil chargé à chevrotines, il a criblé la face du souverain ; celui-ci guérit cependant, et Nobiling, arrêté, s'ouvre les veines à deux reprises dans sa prison : comme Babœuf et Darthé, il est traîné sans vie sur l'échafaud. Six ans se passent : la loi promulguée contre les socialistes assure le bon ordre ; le kaiser est craint, vénéré, adulé, qui donc oserait attenter à ses jours ? Le

Charles Malato

souvenir de Hœdel et de Nobiling est bien loin, lorsque, devant la haute cour de Leipzig, éclate un procès monstre. Huit ouvriers sont accusés d'avoir tenté, au Niederwald, de faire sauter, avec la statue de la Germania, l'empereur, les princes confédérés, les ministres, les généraux : conjuration des plus hardies, qui manqua par un concours de circonstances, puis fut dénoncé par un faux frère. Reinsdorf, âme de l'entreprise, fut, après une admirable défense, condamné à mort et exécuté avec Küchler ; son cri suprême fut : « À bas la barbarie ! Vive l'anarchie ! » Trois des prévenus furent acquittés, les autres envoyés au bagne. Peu de jours après le verdict (le 13 janvier 1885), le conseiller de police Rumpf, qui avait joué un grand rôle dans ce procès et dans beaucoup d'autres, tombait sous le poignard de l'anarchiste Lieske. Celui-ci, condamné — quelle sanglante bouffonnerie ! — à mort, à huit ans de bagne et à dix ans de surveillance, subit le sort de Reinsdorf.

Plus que toute autre, la jeunesse russe, instruite et d'autant plus avide de liberté qu'elle vit dans l'oppression la plus complète, proteste par la force contre le despotisme et le privilège. Il faudrait des volumes pour contenir les noms de tous ces martyrs accrochés au gibet, expirant sous le knout, défilant en interminables convois sur les neiges de la Sibérie. Tchernichewsky, coupable d'avoir jeté aux paysans ce mot d'ordre « Terre et Liberté » et développé la critique du vieil ordre social dans un roman à thèse « Que faire ? » d'une lecture difficile pour des Français, mais rempli de pensées profondes, a vécu trente ans, enseveli dans ces steppes. Bakounine, arrêté et déporté après 1849, a su capter la confiance de ses ennemis et s'échapper pour venir reprendre la lutte en Europe.

Dans un pays comme la Russie, où la vie publique n'existe pas, sauf dans la petite commune rurale, le *Mir,* où toute voix indépendant est réduite au silence, où la presse est bâillonnée, l'opposition est forcée de se faire mystérieuse, terrible. La conspiration, qui est un anachronisme en France, est d'actualité dans un pays qui n'a pas encore traversé les mêmes phases. Et quiconque serait tenté de flétrir le mode de guerre des nihilistes n'aurait qu'à méditer ce fait : dans l'espace de neuf mois, le général Séliverstoff [49], chef de la police, fit déporter, *administrativement et au hasard,* plus de vingt mille personnes.

L'attentat de Véra Zassoulitch, fille d'un haut fonctionnaire, sur

CHAPITRE XIII

la personne du général Trépoff, est demeuré célèbre. Cette jeune nihiliste, âgée de vingt-cinq ans, apprit un jour que le général, chef de cette troisième section tant exécrée où se concentrent tous les pouvoirs de la police, avait, sous un prétexte futile, fait bâtonner un détenu politique. L'indignation fut grande dans les cercles libéraux et Vera résolut de venger la victime, qu'elle ne connaissait pas : le 26 juin 1877, elle se rend dans les bureaux de la troisième section, demande à voir le général pour lui remettre une pétition, est introduite et tire à bout portant un coup de revolver qui, pendant plusieurs mois, tint Trépoff entre la vie et la mort. L'année suivante, l'héroïne comparaissait devant le jury, appelé pour la première et la dernière fois à statuer sur un crime politique : son procès fut un triomphe, elle fut acquittée à l'unanimité. À la sortie, la police voulut l'enlever : un ordre du gouvernement envoyait en Sibérie la courageuse révolutionnaire ; celle-ci, défendue par la foule, put échapper et gagner la Suisse, devenue le refuge ordinaire des nihilistes.

Le tzar Alexandre II fut l'objet de cinq attentats : le dernier, qui réussit, eut lieu le 13 mars 1881. L'autocrate revenait de passer une revue au manège Michel ; sa voiture s'avançait, escortée de cavaliers cosaques, au milieu des hourrahs de la foule. Casques, plumets, bonnets, chapeaux ondulaient sous le ciel gris ; des coiffures volaient en l'air, des mouchoirs s'agitaient devant le « père », le dieu de cette multitude fanatisée. De distance en distance, des policiers savamment échelonnés traversaient le flot humain. Une sécurité complète régnait dans les esprits : or, les deux voies conduisant du manège au palais : la *Kleine-garten-strasse* et le passage qui longe le canal Catherine étaient gardées par les conspirateurs.

La voiture impériale s'engagea sur le quai. Tout à coup, une jeune fille, Sophie Perowskaïa, donna le signal : une bombe, fendant l'air, vint éclater aux côtés d'Alexandre et tuer net un cosaque de l'escorte. Un cri immense partit de la foule : « Dieu soit loué ! je ne suis pas atteint, » fit le tzar tout pâle, en sautant à terre. Mais un autre conjuré, Elnikoff, lui répondit froidement : « Tu loues Dieu trop tôt, » et il lança un second projectile dont l'effet fut foudroyant. Elnikoff et l'empereur tombèrent, le premier mort, le second horriblement mutilé. Quelques heures plus tard, la Russie avaient changé de tyran.

Charles Malato

Ryssakoff, Kibaltschick, Michaïleff, Scheliaboff, Sophie Perowskaïa et une autre femme, Jessa Helfmann, furent arrêtés, condamnés à mort et pendus, à l'exception de la dernière. Cette nihiliste était enceinte, les tortures que ses bourreaux lui infligèrent émurent la presse européenne et l'implacable tzar dut capituler devant l'opinion : Jessa Helfmann fut graciée de la peine capitale. Clémence de souverain ! la forteresse de Saint-Pierre et Saint-Paul ne la rendit plus au jour ; des témoignages dignes de foi permettent de croire qu'elle y fut empoisonnée le 1-13 février 1882.

Le procès et l'exécution des régicides eurent un immense retentissement. Le monde civilisé apprit, en dépit des légendes et des journaux officieux pourquoi des hommes résolus donnaient leur vie. Cet absolutisme, digne des despotes asiatiques, qui pèse sur cent millions d'êtres et menace l'Europe entière, apparut au grand jour et le penseur put se dire avec consolation que, contre l'inflexible énergie des révolutionnaires slaves, le retour au moyen âge ne prévaudrait pas.

CHAPITRE XIV
LE MYSTICISME

Plus l'homme est ignorant, plus il est disposé à croire. Tout l'étonne ou l'épouvante ; derrière chaque phénomène naturel, il entrevoit un acteur puissant et, de même que le chien devant le maître, il se courbe devant ce « quelqu'un » plus fort que lui. De ce sentiment procèdent toutes les religions ; la terre tremble, le tonnerre gronde, la tempête mugit : l'être primitif se prosterne, éperdu. De nos jours, alors que l'électricité est mise en bouteille, que de femmes se signent encore devant la fulguration d'un éclair !

La science positive a, peu à peu, délogé la superstition des positions qui semblaient inexpugnables : on ne brûle plus ceux qui pensent. Mais il faut compter avec les retours offensifs du mysticisme. Vaincu sous une forme, il tend à reparaître sous une autre : après la religion de l'Église, la religion de l'État, le culte du drapeau, ce symbole, et de la patrie, cette abstraction représentant tout au plus la propriété des classes privilégiées. Le respect du prêtre a engendré le respect du gendarme, l'ignorant croit à la loi, qu'il ne connaît ni ne comprend, comme ses devanciers croyaient au mystère de la Sainte-Trinité.

Esclaves de l'atavisme et des compressions sociales, les foules n'arrivent que lentement à une conception exacte du matérialisme. Le matérialisme, pour beaucoup d'inconscients, c'est l'orgie en permanence ; ils ne comprennent pas que, plus l'homme s'arrache aux illusions sur l'au-delà, plus il est porté à s'attacher au monde réel, à l'embellir, à le rendre confortable, à l'idéaliser même.

Les croyances nouvelles ont triomphé chaque fois par le fanatisme de leurs adeptes, et cela se comprend : pour tenir tête aux préjugés séculaires, à l'esprit de son milieu, il faut une conviction exaltée au suprême degré. Socrate et Platon ont fait école, ils n'ont pu, cependant, renverser le polythéisme, car ils n'invoquaient que la raison. Mais voici que, dans un coin de la bouillonnante Asie, chez un peuple asservi, mécontent, inquiet, des hommes annoncent une religion nouvelle en l'appuyant par des miracles : ils ressuscitent des morts, guérissent des malades et l'enthousiasme est tel que des faits inouïs, que la science commence à peine à expliquer aujourd'hui, se produisent. La foule fermente, des apôtres portent le nouveau verbe dans le monde, l'héroïsme des martyrs multiplie les adeptes : la folie de la croix a vaincu les anciens dieux.

C'est encore par le fanatisme que l'Islam, soulevant le monde oriental, soumettra à son joug les peuples réfractaires à l'idée chrétienne.

Dans les soulèvements populaires du moyen âge, dans cette immense poussée qui s'appelle la révolution française, l'enthousiasme domine le raisonnement. Les soldats de la Convention vainquirent parce qu'ils étaient des fanatiques combattant contre des adversaires qui ne l'étaient plus.

La religiosité, bien que diminuée, est loin d'être détruite. Le libre-penseur, en prenant exactement le contre-pied des dogmes qu'il combat, ne s'aperçoit pas qu'il en crée d'autres aussi absurdes. Après avoir eu l'obligation de manger maigre le vendredi sous peine des rigueurs de l'Église, on aura celle de manger gras sous peine d'être traité de jésuite !

La Franc-Maçonnerie, après avoir eu dans son passé un grand rôle en tant que groupement corporatif et association secrète, est

Charles Malato

devenue absolument grotesque avec ses formules surannées, ses rites pompeux et vides. Et nombre de bourgeois, qui rougiraient d'aller à la messe, vont au Grand-Orient, se ceindre les reins d'un tablier de cuir et se contorsionner aux coups de marteau de leur vénérable !

« On a insulté le drapeau national » écrivent les journalistes subventionnés lorsque le gouvernement, ayant jeté son dévolu sur une terre lointaine, cherche prétexte à une expédition. Et, immédiatement, des naïfs, qui ne croient plus au curé, mais qui croient encore aux rastaquouères de la politique, répètent en s'indignant : « On a insulté le drapeau national ! »

Pour eux, ce morceau de calicot bariolé, qu'on leur dit avoir été traîné dans la boue, représente le pays : quel pays ? celui des législateurs qui dépensent ou des contribuables qui paient ? celui de M. de Rothschild ou de Jacques Bonhomme ? Ils ne savent et ne se le demandent pas.

Le cerveau humain, pendant des siècles, a été tellement comprimé par cette fonction mécanique « croire », que même les plus raisonneurs des modernes révolutionnaires en arrivent parfois à perdre de vue le sens du réel pour se plonger dans la vision paradisiaque de la société future comme le boudhiste dans le nirvâna. Et, de fait, il semble par moments venir de ce mystérieux Orient, berceau des religions, des effluves mystiques dangereuses pour l'avenir. Dans la *sainte* Russie, les éléments slave et asiatique sont aux prises : le premier libertaire, le second théocratique et barbare. Le boudhisme même, philosophie matérialiste à son début, mais bientôt défiguré sous les superstitions populaires, menace de s'infiltrer en Europe et d'y supplanter son frère cadet, le christianisme. Les névrosés, si nombreux à cette époque de décadence, qui se réclament de Schopenhauer sans le comprendre, fraient la voie à la doctrine de Çakyamouni, qui compte à Paris même des milliers d'adeptes.

Une autre religion née d'hier, le spiritisme, nombre déjà des millions d'adhérents, surtout en Amérique. Bien que d'allures plus larges que le christianisme, elle n'en constitue pas moins un danger, car elle repose sur une base absolument merveilleuse et s'attaque aux imaginations ardentes, aux esprits mal équilibrés ; des hommes

CHAPITRE XIV

de talent, de génie même l'ont embrassée, mais le génie, exaltant certaines facultés aux dépens des autres, confine souvent à la folie.

La puissance cérébrale est évidemment appelée à jouer un rôle de plus en plus considérable dans les actes de la vie sociale. La science psychologique est tout entière à créer. Auguste Comte établissait que toutes nos connaissances passent par trois phases : la religieuse, la métaphysique et la positive ; la psychologie en est à peine à la seconde. Une foule de faits, que l'on ne peut refuser de constater, sont taxés de merveilleux par les esprits simples parce qu'ils sont mal connus et l'on ne cherche pas à en découvrir les lois ; d'aucuns, craignant d'ouvrir la porte à la superstition, se contentent d'écarter ces faits sous une dénégation brutale. Mais nier n'est pas répondre et s'il convient de hausser les épaules devant les boniments de foire, on est bien obligé de tenir compte des expériences de Charcot. Étant donné la corrélation intime entre tous les phénomènes de la nature, il n'est pas inadmissible que les êtres les plus affinés, les plus sensitifs saisissent des impressions imperceptibles aux tempéraments grossiers. Qui de nous n'a été témoin d'intuitions étranges, de pressentiments réalisés, de suggestions ? l'influence d'un orateur sur son auditoire n'est-elle pas un phénomène de suggestion collective ?

Entre deux cerveaux de force inégale, il s'établit un courant analogue à celui qui met en relation deux appareils télégraphiques : de même qu'un corps chaud transmet sa chaleur, un corps lumineux sa lumière, de même l'organe de la pensée transmet ses vibrations et lorsqu'un magnétiseur prend la main du sujet, la main sert tout simplement de fil conducteur.

S'appuyant sur des phénomènes de ce genre, incompris, non étudiés, souvent mal constatés, phénomènes qui n'ont rien que de très naturel et qui livreront un jour leurs lois en formules mathématiques, Alan Kardec et d'autres à sa suite ont élaboré la religion spirite. Supérieure au christianisme dans sa partie morale parce qu'elle tient compte des tendances modernes, élaguant les rites démodés, la nouvelle croyance n'en est pas moins dangereuse. Exaltant l'imagination du fidèle, concluant sans avoir analysé, elle mène facilement à la folie. Le fonds de sa théorie est celui-ci : l'homme est un être double, formé d'un esprit immatériel et d'un corps ; après la mort, l'esprit subsiste et va animer d'autres

Charles Malato

individus (vieille doctrine de la transmigration empruntée par Pythagore aux philosophes indous) mais, dans les intervalles de ses réincarnations, il se manifeste aux vivants soit en mettant en mouvement des corps inertes (se figure-t-on, traduites en kilogrammes, l'action dynamique d'une immatérialité sur la matière !) soit en apparaissant sous une enveloppe fluidique dénomme *périsprit,* qui reproduit d'une façon vague les formes du corps défunt. Qu'est-ce que cette enveloppe, qui rappelle le médiateur plastique du philosophe Cudworth, et que Kardec voudrait nous représenter comme moins matérielle que la matière, moins spirituelle que l'esprit, quelque chose entre les deux, comme si pareille conception n'était pas absurde ! Au fond c'est la vieille croyance polythéiste aux mânes qui reparaît.

Nombre de spiritualistes quand même, qui sentaient l'inanité des légendes catholiques, se sont raccrochés à cette religion, plus tolérante, certes, que celles qui l'ont précédée mais qui, étant donné l'antagonisme absolu de la science et du surnaturalisme, est dangereuse en raison même de ses apparences libérales. D'autres leur ont emboîté le pas par amour du merveilleux ou par sentimentalisme, heureux de pouvoir communiquer avec de chers disparus ; beaucoup ont perdu la tête en regardant tourner des tables.

À côté des charlatans exploitant la crédulité publique, des personnes dignes de foi ont constaté des faits étranges au premier abord. Il serait puéril de nier la possibilité pour la force nerveuse de se transformer en force mécanique agissant sur les corps inanimés, — l'électricité ne se transforme-t-elle pas en mouvement, en chaleur, en lumière ? Le sauvage qui, pour la première fois, entendrait parler un phonographe n'y verrait-il pas un phénomène d'ordre surnaturel ? Qu'une dizaine de personnes assises autour d'une table ronde, formant la chaîne de leurs mains ouvertes et étendues vers la surface plane, sentent un courant s'établir et, se dégageant comme toujours par les pointes, c'est-à-dire par les doigts, se communiquer au meuble de manière à le faire osciller, y a-t-il là un fait plus miraculeux que la transmission des paroles humaines reproduites par une plaque vibrante à travers le temps et l'espace ? Le fait que les mouvements observés varient selon la forme, la substance de la table et sont directement proportionnels

CHAPITRE XIV

au nombre d'expérimentateurs, à la tension nerveuse de chacun, indique une cause des plus matérielles, de même aussi que les phénomènes qui semblent déterminés par un agent extérieur conscient peuvent être attribués à une sorte d'action réflexe du cerveau.

Il y a là tout un monde de faits dont on finira par avoir la clé. En attendant, il convient de se mettre en garde contre les retours offensifs de la superstition ; il faut, d'ailleurs, compter avec l'entrée dans la civilisation de nouvelles races qui, en même temps qu'elles s'imprègnent de nos idées positives, redonnent une vigueur passagère aux tendances métaphysiques : les extrêmes se pénètrent pour arriver peu à peu à une homogénéité. Tant que l'évolution intellectuelle des masses ne sera pas accomplie, les champions du spiritualisme pourront opposer un monde invisible au monde visible et chercher à dominer par la terreur ou l'amour du merveilleux ; les vieilles croyances jadis ennemies, pourront se rapprocher, fusionner, chercher à se retremper dans une immense synthèse religieuse. Mais l'essence de toute religion, si libérale paraisse-t-elle, c'est la révélation, le dogme absolu, l'assujettissement à une loi sociale fixe, et l'essence de l'humanité, emportée dans le mouvement universel des choses, c'est la mutation, le progrès indéfini. Entre deux tendances aussi opposées, il n'y a pas de conciliation possible.

Les vieilles religions aux abois oublient, quand il est trop tard, leur intransigeance d'antan et recherchent leur salut dans une transformation. L'empereur Julien s'était efforcé de marier la cosmogonie païenne agonisante avec la doctrine apostolique : tentative infructueuse. Le christianisme se montra impitoyable envers ses persécuteurs de la veille, précipita les dieux de leurs autels, coupa les vivres aux prêtres païens et répondit par un refus brutal aux lamentations de Symmaque, suppliant qu'on épargnât le temple de la Victoire, symbole de la fortune romaine. Après quinze siècles et demi de règne incontesté, le christianisme se meurt à son tour : la science le renvoie du ciel, la liberté le chasse de la terre. Tandis que les intransigeants, attachés à leurs vieux dogmes, sachant, d'ailleurs, qu'une concession en entraîne d'autres, répètent le mot de Ricci : « *Sint ut sunt aut non sint* » (qu'ils soient comme ils sont ou qu'ils ne soient pas), les politiques, sentant venir la

Charles Malato

tempête, cherchent à composer avec elle. Ceux-là même qui avaient été persécutés la veille en raison de leurs velléités d'indépendance seront, sans doute, conjurés de prendre en main le gouvernail de l'Église, mais déjà le vaisseau désemparé fait eau de toutes parts et, nouveaux Necker, ils ne pourront qu'assister au naufrage loin du port qu'ils croyaient atteindre.

CHAPITRE XV
AUJOURD'HUI ET DEMAIN. — HYPOTHÈSES

Le présent est gros de tempêtes : le monde entier marche à une prochaine dislocation.

Si l'immense agglomération d'hommes qui forme l'empire chinois a pu, en fermant ses ports et murant ses frontières, sinon arrêter, du moins amortir l'invasion des idées étrangères, les autres peuples, entrés dans le grand tourbillon moderne, éprouvent les premiers symptômes d'une crise sociale sans précédents.

L'industrialisme a conquis toute l'Amérique : ses solitudes se peuplent, ses forêts vierges s'abattent, des villes naissent comme par enchantement, rivales des capitales européennes qui ont mis des siècles à se créer. En même temps que le bison et le cougouar, les autochtones disparaissent. L'Irlandais, l'Allemand, le Français, l'Italien, le Suisse viennent se fondre parmi les indigènes de race blanche : c'est le prolétariat qui, avec la civilisation, envahit ces contrées. La vieille Europe rejette son trop plein de misérables ; ceux-ci, en quête de pain et de foyer, promènent du Canada aux Pampas leurs haillons et leurs idées, leurs rancunes, leurs haines, leurs espérances. C'est bientôt par millions que le continent américain nombrera les révolutionnaires. Chicago, la cité des machines géantes, Chicago tant de fois brûlée et toujours renaissante, est devenue un des foyers de l'idée anarchiste : le peuple de ses usines se murmure les noms de ces hommes : Spies, Parsons, Engels, Fischer, Lingg, morts en martyrs pour l'affranchissement des déshérités. New-York, Saint-Louis, Boston, Philadelphie, Milwauhee voient se former des noyaux socialistes de toutes nuances et, sous la pression des circonstances, c'est certainement la fraction la plus avancée qui prendra la tête du mouvement. C'est en vain que l'association des *Knights of labour* (chevaliers du travail), qui embrasse les États-Unis et que manie le grand-maître Powderly, s'efforce de réaliser un accord entre le capital et le salariat ; c'est en vain que les disciples de Henry George, jadis fougueux, aujourd'hui modérés, affirment qu'un simple vote législatif, nationalisant le sol, dénouera la crise économique ; plus on va, plus les antagonismes sociaux s'accentuent. Tandis que Jay Gould règne avec quatorze cents millions, Mackay avec treize cents, Vanderbilt avec six cent cinquante, les grèves violentes se multiplient : celles de Pittsburg ont été un prélude qui devrait rendre soucieux les accapareurs de milliards.

Dans l'Amérique du Sud, les choses suivent une marche parallèle. Les immigrants qui envahissent Montevideo, Rosario, Santa-Fé, Buenos-Ayres y portent des bribes d'idées socialistes ou anarchistes. Une immense synthèse s'élabore. La révolution économique, dans ces régions, sera bien autrement terrible que les luttes antérieures pour l'indépendance politique ou pour l'affranchissement des noirs. À côté des ouvriers des usines, futurs bataillons de l'armée prolétarienne, des nuées de nomades : chasseurs des prairies, chercheurs de mines, aventuriers de toutes sortes, sang-mêlés, Peaux-Rouges, habitués à la vie indépendante et aux scènes violentes, seront de terribles auxiliaires.

Outre ceux qui se meuvent au sein de la masse, lui communiquant leur impulsion propre, des communautés éparses sur l'immense surface du continent y vivent d'une vie particulière. Beaucoup sont en pleine prospérité : si la colonie icarienne fondée par Cabet à Nauwôo (Illinois) n'a pas eu plus de succès que celle fondée par Owen à New-Harmony, par contre, l'établissement des *perfectionnistes* à Onéida, l'exploitation agricole de Diamanti (Paraguay), créée par trois mille Russes et une foule d'autres, témoignent des prodiges que peut accomplir l'association lorsque le capital vraiment productif ne fait pas défaut. Ces colonies, tout imparfaites qu'elles sont, — l'individu y est, en général, trop absorbé par la collectivité et l'esprit mystique y domine, — ont donc le mérite de montrer que les idées communistes sont susceptibles d'une réalisation pratique : elles servent d'exemples, d'ébauches, laissant aux grandes villes industrielles que ronge un prolétariat aux abois, le rôle de foyers révolutionnaires.

Charles Malato

L'Australie, née d'hier, marche dans la même voie que l'Amérique. Dans ses grandes villes, notamment à Melbourne, des groupes et des journaux anarchistes jettent à la masse des idées nouvelles. Le prolétariat irlandais, allemand, italien, qui a envahi le littoral, s'est déjà senti les coudes dans des grèves gigantesques qui ont, à plusieurs reprises, fait capituler le patronat. La génération actuelle, attachée au sol, est bien australienne, non anglaise : la proclamation d'une république indépendante et fédéraliste taillée sur le modèle des États-Unis, avec une orientation socialiste, n'est qu'une question d'années et, dans un avenir prochain, l'Océanie tout entière, entraînée dans l'orbe des États Australiens, aura tranché ses attaches avec les métropoles d'Europe. Vainement l'Angleterre capitaliste, qui ne peut vivre sans débouchés, prévoyant la tourmente qui lui enlèvera un à un tous les fleurons de sa couronne coloniale : Australie, Inde, Canada, s'efforce-t-elle de créer en Afrique un immense empire : il en sera de celui-là comme des autres. Toute colonie, développée à l'égal de sa métropole rompt le lien qui l'attachait à celle-ci pour vivre de sa vie propre : c'est une grande loi naturelle que rien ne vient infirmer. Aussi les hommes d'État anglais caressent-ils l'idée d'une fédération pan-britannique réunissant des agglomérations de langue et de race saxonnes [50], idée que l'avenir réalisera certainement, car les peuples, dépassant l'étape du nationalisme, en arrivent aujourd'hui au racisme ; mais cette association qui résultera du libre développement des masses appelées à s'agréger et non du vouloir des législateurs, ne pourra s'effectuer que lorsque la Révolution sociale, emportant les débris du vieux monde, aura détruit les germes d'antagonismes nationaux, nivelé les classes et identifié les intérêts. L'Angleterre, attaquée en Orient par la Russie, rongée chez elle par le paupérisme, menacée partout par les fénians irlandais, — ceux d'Amérique ont, en moins de trois ans, envoyé un million de dollars à leurs frères d'Europe — est vouée à une révolution qui ébranlera le monde entier comme un coup de tonnerre.

L'Anglais ne laisse pas fuser son enthousiasme à l'avance. Il n'en sera que plus terrible, le moment psychologique arrivé. Il faut avoir parcouru Londres dans ses inextricables fouillis, visité les ruelles misérables de Haymarket et les indescriptibles galetas du Strand pour concevoir quelle quantité de misère s'amoncelle

CHAPITRE XV

dans cette ville, la plus riche du monde. Il faut distinguer l'ouvrier classé, travaillant un peu moins que dans les autres pays d'Europe et gagnant un peu plus, du désespéré tombant de la prison au workhouse, du workhouse dans la rue, s'engageant sous le sobriquet de *blackleg*, pour suppléer les ouvriers et recevant un salaire moyen d'un schelling par jour. Celui-là est le vrai prolétaire et, sous une navrante résignation qu'entretiennent le gin et le whisky, il reste dans son cœur une place pour la révolte. Ces deux nuances sont bien tranchées. Plus modérés encore que les possibilistes français, les travailleurs soudés en *trade's unions,* associations puissantes, ne se défendent pas d'une sorte de mépris à l'égard des gens du *mob,* irréguliers de la misère. C'est bien le quatrième État qui s'affirme comme aussi exclusiviste que le Tiers. S'il lutte contre la bourgeoisie, c'est sans se presser et des grèves gigantesques d'employés des docks, de mineurs, des soulèvements même de policemen ont prouvé qu'il disposait d'une puissance réelle ; mais l'élan révolutionnaire lui fait défaut, l'esprit invétéré d'ordre et de loyalisme l'empêche de profiter des situations. En 1888, deux cent mille ouvriers étaient debout dans Londres, les communications, les transports étaient arrêtés : pas d'armée, une police hésitante, les révolutionnaires n'avaient qu'à saisir la balle au bond, ils ne se montrèrent pas.

Cela non par peur : l'Anglais est brave ; mais, dans son amour de méthode à tout prix, il ne comprend pas qu'à un moment donné, la situation doit être brusquée. Le coup final, qui déterminera la chute de l'oligarchie capitaliste, viendra certainement non des travailleurs enrégimentés, — ceux-ci, substituant immédiatement leur organisme à l'organisme détruit, seront bons pour assurer la victoire et en cueillir les fruits, — mais de cette foule inclassée, tant méprisée, terrible à tous les partis, terrible à elle-même, parce qu'elle sent et ne raisonne pas. Blacklegs, réfugiés internationaux, loqueteux Irlandais, mendiants, voleurs, prostituées, gens qui ont au cœur l'âpre haine de la société, se précipiteront comme un torrent : le bourgeois ventru de la Cité et le noble lord de Regent's Street trembleront devant ces misérables.

L'Angleterre capitaliste mourra ainsi : après avoir broyé des millions d'êtres, affamé l'Irlande, domestiqué l'Inde, empoisonné d'opium la Chine, massacré les aborigènes océaniens, enveloppé

Charles Malato

l'Afrique qu'elle convoite d'un immense réseau, incarné, en un mot, la suprême puissance de l'or et transformé le monde en le modernisant, elle crèvera devant ses trésors, d'un coup de poignard en plein abdomen, et sa carcasse sera emportée par la tourmente révolutionnaire.

Rivale de l'Angleterre, la Russie est de toutes les nations européennes, celle où l'ordre social se modifie le plus lentement. La population rurale, de beaucoup la plus nombreuse, est d'une ignorance complète ; mystique, superstitieuse, élevée dans l'adoration du tzar, « le père, » elle sera de longtemps un obstacle à la révolution ; contre la jeunesse des villes, intelligente et libérale, l'autocrate menacé pourra faire appel à des millions d'inconscients. Le mouvement nihiliste, plus politique que social, n'a pas encore poussé de racines chez ces fils de la terre, courbés jadis sous la cravache du boyard, rançonnés aujourd'hui par l'usurier juif : ils vivent en plein moyen âge. Les moujicks, avant d'infuser aux vieilles races d'Europe leur sang neuf et leurs mœurs communistes pourront être, au début de la tourmente, les soldats fanatiques de la réaction. Et lors même que le progrès, qui ne peut abdiquer, aura renversé les obstacles que lui oppose la tyrannie, le mysticisme slave sera pendant longtemps une menace. Il est certain que le matérialisme, mal compris par des masses inconscientes, et considéré seulement comme l'invitation à une orgie grossière, amènera primitivement des excès qui choqueront les natures délicates et les rejetteront dans un idéalisme outré. « Le vingtième siècle sera mystique », a proclamé un écrivain symboliste. Puisse cette prédiction ne pas se réaliser !

Le rôle que la Russie joue par rapport à l'Asie, contenant ses barbares de race jaune, les empêchant de se répandre sur l'Europe, l'Allemagne le joue par rapport à la Russie. Elle est la barrière sans laquelle les troupeaux du tzar nous inonderaient et nous ramèneraient à plusieurs siècles en arrière : cet afflux d'une race neuve, qui sera le salut plus tard, aurait été mortel hier et le serait encore aujourd'hui. Il est certain que les nations occidentales, à l'œuvre depuis longtemps sur la scène du monde, liées au passé par un ensemble de traditions et de vieilles mœurs, n'ont plus la vigueur nécessaire pour guider l'humanité dans ses nouvelles destinées : ce rôle appartiendra nécessairement au peuple le

CHAPITRE XV

plus jeune. Le vingtième siècle sera aux Slaves, mais tant qu'ils demeureront les sujets d'un pape-empereur, omnipotent à l'égal des despotes asiatiques, les amis de la liberté, en dépit des sympathies et des affinités de races, regarderont avec défiance du côté de l'Orient.

L'Allemagne est en travail de révolution : « Quatre-vingt-treize n'aura été qu'une idylle », disait Henri Heine en songeant à l'avenir. Plus qu'ailleurs, la classe ouvrière y aspire à l'émancipation ; de son côté, la bourgeoisie libérale supporte impatiemment le joug de l'aristocratie militaire. Ces deux nuances d'opposition s'unissent dans le parti sozial-demokrat qui, discipliné et guidé par Liebknecht, Bebel, Vollmar, a répudié son ancien révolutionarisme pour tomber dans une opposition des plus parlementaires : la vieille histoire des évêques chrétiens s'alliant aux Césars, persécuteurs de la veille. L'empereur actuel, homme de volonté, a cru habile de jouer au Constantin pour en finir avec une opposition gênante et avoir les bras libres en cas de conflagration européenne ; les mesures rigoureuses contre les socialistes sont peu à peu abrogées, des réformes ouvrières mises à l'étude, une conférence internationale a même été convoquée à Berlin pour statuer sur une législation du travail ; il est vrai que le secret gardé sur les délibérations autorise à croire qu'il s'est agi moins d'améliorer le sort des classes pauvres que de museler le prolétariat. La masse allemande vaut mieux que ses chefs et Liebknecht, prêt à devenir le ministre d'un *empire socialiste,* sera peut-être débordé par le flot populaire. Il faut reconnaître, cependant, que l'esprit germain, méthodique à l'excès et façonné par l'atavisme, se prête plus que tous autres à l'enrégimentation. Aussi les sozial-demokrats l'emportent-ils infiniment en nombre sur les anarchistes [51].

Il en est tout différemment en France où les marxistes, ralliés autour de Jules Guesde, de Deville et du docteur Lafargue, ne constituent qu'un noyau insignifiant, état-major sans armée qui n'en a pas moins la prétention de diriger *scientifiquement,* — il faut voir comme ils se rengorgent en prononçant ce mot, — les moindres mouvements révolutionnaires. Hommes de valeur, pour la plupart, mais imbus de leur personnalité, n'aimant ni ne connaissant le peuple, ils sont réduits à une politique de bascule, tantôt s'alliant aux fractions blanquiste, indépendante ou même radicale, tantôt s'en éloignant, tâtant du suffrage universel, sans succès d'ailleurs,

Charles Malato

tout en le combattant en principe. Leur triomphe amènerait la plus effroyable des tyrannies, celle de l'État-patron, maître politique et économique, écrasant la personnalité humaine sous des formules mathématiques. Mais, s'ils sont destinés à avoir une influence sur les événements, cette influence ne pourra certainement s'exercer que par intermittences. En période orageuse, ils seront débordés par les anarchistes autrement vigoureux, ils le savent — de là leurs haines — et n'essaieront même pas de réagir : ils feront les morts, quitte à guetter l'instant favorable où les révolutionnaires d'avant-garde, épuisés par leurs excès, décimés par la lutte, seront forcés, pensent-ils, de leur céder la place. Mais, même à ce moment, ils n'auront qu'une force précaire, leur affectation continuelle, leurs allures cassantes même lorsqu'ils feignent la bonhomie les rendent peu sympathiques à la masse ; leurs conceptions plagiées de Marx avec moins d'ampleur sont destinées à s'éteindre dans un milieu réfractaire au doctrinarisme allemand. Une fois les anarchistes détruits, les néo-jacobins seraient bientôt renversés par l'élément contre-révolutionnaire : les possibilistes, dès maintenant nombreux et influents dans la plupart des corporations, appuyés par la masse modérée, les ex-bourgeoisillons et les ouvriers ambitieux, aspirants fonctionnaires du nouvel ordre social, reviendraient comme les Girondins après le 9 thermidor et ne feraient pas quartier à leurs ennemis.

C'est la marche que, très probablement, suivra la révolution. Phénomène soumis à des lois que la science expérimentale découvrira un jour, elle aura ses premières ondulations, son flux et son reflux ; quand on analyse les éléments en présence, on est induit à supposer qu'ils se comporteront de telle ou telle façon : les enragés domineront pendant la période violente ; seuls, ils ont la force nécessaire pour démolir ; dans les intermittences d'apaisement, les autoritaires s'efforceront d'accaparer le pouvoir ! Mais les excès ne sont pas durables, tôt ou tard, ils sont suivis d'une période de prostration ; ce qui s'est passé au lendemain de la Terreur se reproduira sans doute d'une façon générale : les politiques, les modérés s'efforceront, une fois le calme un peu rétabli, de revenir sur l'eau et d'accaparer les fruits de la victoire.

C'est tout ce qu'on peut conjecturer. Quelqu'un dont le cerveau serait assez vaste pour embrasser tout ce qui se passe, pourrait en

CHAPITRE XV

déduire mathématiquement, par le détail, tout ce qui arrivera. Mais où est-il cet observateur surhumain ? Perdus dans la déduction des théorèmes, les scientifiques négligent forcément tel ou tel détail qui, imperceptible au début, engendre de grosses conséquences et finit par renverser tous les plans de ces trop minutieux calculateurs. Ceux-ci, qui n'ont pas entendu travailler pour rien, de maintenir quand même leurs formules, de se fâcher contre les événements qui les contredisent, finalement, de tomber dans le ridicule. S'il est naturel de chercher une orientation, de scruter même autant que possible les brumes de l'avenir, on ne peut entrevoir cet avenir que dans les grandes lignes et encore !

C'est ce qui fait parfois la supériorité des natures intuitives. Leur affinement de nerfs les rend aptes à saisir des impressions qui échappent aux enragés chiffreurs ; il se fait en elles un travail psychique si rapide qu'elles ne peuvent en avoir conscience. Viennent les événements et tandis que les scientifiques se perdent en calculs, hésitent, tergiversent et, neuf fois sur dix, tournent le dos à la vraie voie, les autres vont au but avec la précision de l'aiguille aimantée se dirigeant vers son pôle.

Par exemple, il est impossible d'être plus étrangère à la vie réelle que Louise Michel. Perdue dans la contemplation extatique de l'avenir, elle a traversé la guerre, l'exil, la prison sans s'en apercevoir : personne n'est moins pratique dans les petites choses et les amis qu'elle a conservés dans les fractions autoritaires ne se font pas faute de la railler entre eux. Cependant, chaque fois qu'un fait de quelque importance sociale est survenu, elle a *senti* et marché, tandis que Guesde, apôtre de l'Évangile marxiste, et Chirac l'homme-chiffre (ainsi l'appelle Drumont) se troublaient et finissaient par s'infliger de cruels démentis. La manifestation ouvrière du 1er mai 1890 en est une preuve entre mille. Après avoir jadis éloquemment démontré la duplicité du suffrage universel, l'inflexibilité de la loi des salaires et l'impossibilité pour l'État de favoriser la classe prolétarienne au détriment de la classe capitaliste, les marxistes français avaient conclu à une manifestation pacifique et légale, mettant les pouvoirs publics en demeure de réaliser quelques réformes économiques. Dans un but mal caché de réclame électorale, ils prônèrent cette manifestation une année à l'avance, multiplièrent les rodomontades, les défis à la bourgeoisie ; ils tâtèrent le terrain

Charles Malato

de leur mieux, espérant même quelque temps que le mouvement pourrait se terminer en une révolution leur livrant le pouvoir. Puis, quand ils virent que le peuple n'était pas disposé à mourir pour eux, ni le gouvernement à se laisser démolir, ils reculèrent de la façon la plus piteuse, accumulant les protestations pacifiques et poussant la... prudence, eux révolutionnaires ! — jusqu'à conseiller à la foule de livrer aux autorités ceux qui commettraient des actes d'insubordination. Les anarchistes, au contraire, tout en combattant le caractère légal de cette pasquinade et refusant de s'associer à une démarche illogique, sans issue, ont déployé, à ce moment, une grande activité révolutionnaire et causé des craintes sérieuses à leurs ennemis.

Il faut reconnaître, d'ailleurs, que le parti anarchiste, assez confus, il y a quelques années, s'est épuré tout en faisant boule de neige. À son tour, il peut renvoyer aux marxistes français l'épithète dédaigneuse de *demi-quarteron* dont il avait été salué. Tandis que les ambitieux, las d'attendre ou les batailleurs sans idées évoluaient vers d'autres fractions, que bon nombre se coulaient à la remorque du boulangisme, les désabusés de la politique venaient résolument aux révolutionnaires d'avant-garde. La période embryonnaire et romantique du parti semble passée ; les idées se précisent ; l'anarchiste n'est plus aujourd'hui un déclamateur épileptique ; s'il n'a pas la prétention de donner un programme minutieux de l'avenir, il n'en a pas moins des conceptions positives : remplacement de l'autorité gouvernementale par l'association des hommes et des groupes, restitution du capital individualisé à la société tout entière.

À la vérité, quelques anarchistes, en voulant réagir contre la sécheresse des doctrinaires, sont tombés dans l'excessif sentimentalisme des révolutionnaires de 48. La société actuelle leur paraît tellement hideuse qu'ils vivent tout entiers dans leur rêve d'avenir ; cette vision d'harmonie universelle leur cache parfois les nécessités de la lutte, de sorte que, s'ils ne trouvaient pas leur contrepoids, ces hommes auxquels on a fait une réputation terrible seraient dupes de leur bon cœur. Avec le poète Paillette, ils chantent :

Le roman du monde n'est rien.
Nous voulons le beau dans le bien,

CHAPITRE XV

Il faut à notre amour païen
Les plus colossales étreintes ;
Notre patrie est le Grand Tout ;
Notre cœur, un passe-partout,
Cherche sa famille, surtout
Du côté d'où viennent les plaintes.

Autrement qu'aux civilisés
Il faut à nos sens apaisés
Les caresses et les baisers
Des vieux, des bébés et des mères
Tous les vieillards sont nos parents,
Tous les petits sont nos enfants,
Et qu'ils soient jaunes, noirs ou blancs.
Partout les hommes sont nos frères.

Pendant qu'ils chantent, le même ennemi qui, il y a quarante-deux ans, fit peau démocratique pour tromper la masse naïve, est en voie de faire peau socialiste et même anarchiste, espérant non seulement échapper à la tourmente mais encore l'orienter à son profit. Le parti socialiste catholique, représenté en France par Drumont, en Angleterre par le cardinal Manning, naguère en Allemagne par Windthorst [52] et que dirige dans l'ombre le Gesù, cherche à faire dévier le courant révolutionnaire en le lançant exclusivement contre les banquiers sémites accapareurs du numéraire, tandis que la vieille aristocratie et les communautés religieuses détiennent en grande partie ce capital autrement important : la terre. Quelques hommes de cœur, qui rêvent un accord impossible entre la foi et la science, entre l'Église et le peuple, ont emboîté le pas. Des cercles ouvriers s'intitulant socialistes catholiques et dont tout le socialisme consiste à prêcher la bienveillance aux exploiteurs, la soumission aux exploités, aux uns et aux autres l'observation des devoirs religieux, fournissent un contingent discipliné sous la haute direction d'hommes qui ont préludé à l'étude des questions sociales en faisant fusiller les communards de 1871. Si le prolétariat était assez naïf pour se laisser prendre au piège, il se trouverait bientôt plus misérable que jamais, le servage politique s'ajoutant à l'oppression économique. Mais l'humanité ne peut abdiquer ses destinées ; malgré les chocs en retour qu'elle subit de temps à autre, elle ne reprendra pas la route du passé. Contre la logique du progrès, le cléricalisme et le césarisme, quels que soient leur masque, ne prévaudront pas.

En dépit des manœuvres savantes des partis conservateurs, en dépit des efforts de l'État pour satisfaire les intérêts les plus opposés, en dépit du libéralisme bourgeois et de la philanthropie officielle, un effondrement social est inévitable à bref délai. Tout y concourt : tandis que les progrès croissants du machinisme jettent sur le pavé des foules acculées à ce dilemme : se révolter ou mourir, la concentration des capitaux, éliminant la classe intermédiaire qui sert de tampon, précipite la collision inévitable entre la poignée de possesseurs et la masse déshéritée. D'un autre côté, l'accumulation des emprunts pousse tous les États vers le gouffre béant de la banqueroute. Déficit, chômage, grève, misère, révolte, tout se tient, et il est probable que les gouvernants, gardiens du vieil ordre social, épouvantés de l'avenir, chercheront leur salut dans la guerre. La guerre ! ces deux mots terribles retentiront avant peu d'un bout à l'autre de l'Europe frissonnante, car, quelle que soit celle qui débute, guerre internationale ou guerre civile, l'une entraînera fatalement l'autre. Au nord, au sud, à l'est, à l'ouest, des avalanches humaines rouleront vers les frontières, l'outillage perfectionné des Krupp, des Uchatius, des Bange, des Veterli, des Mauser, des Lebel, fera une ample moisson puis, comme après la réforme, comme après la Révolution, l'Europe émergera de l'immense cataclysme rajeunie, transformée. « La fleur sort du fumier », répétait Bakounine, apôtre de la destruction sans phrases : la génération actuelle servira de fumier à la génération future.

Dans ce conflit qui, fatalement, embrasera toutes les nations du vieux monde, la réaction jouera son va-tout. La féodalité allemande, la bancocratie anglaise, la vieille cour autrichienne, le Quirinal, le Gesù s'allieront pour une partie désespérée, tandis que l'autocrate russe se tiendra prêt à évoluer selon ses intérêts. Ce n'est certainement pas la démocratie bourgeoise, égoïste et rapace, amollie comme tous les parvenus, qui pourra tenir tête à l'orage, ni les révolutionnaires jacobins, plagiaires d'un siècle disparu, ni les socialistes à système, rêveurs qu'effarera le premier vent de tempête. Seuls, les éléments violents, excessifs, agissant dans le peuple,

CHAPITRE XV

et, l'empoignant comme une catapulte, pourront le lancer sur l'ennemi, orienter son action et donner son maximum d'intensité à la tourmente, dans laquelle eux-mêmes sont condamnés à disparaître à moins d'en sortir transformés.

Monarchies absolues, constitutionalisme, république, toutes ces formes qui, jadis, ont fait vibrer les enthousiasmes, s'évanouissent alternativement devant la poussée d'un siècle imprégné de positivisme. Le libéral russe revendique une Constitution limitant l'autorité souveraine ; le démocrate belge s'insurge contre le régime censitaire ; le radical français clame, du moins dans ses professions de foi, la suppression de la présidence de la république, du Sénat, des ministres, du budget des cultes, des armées permanentes : pièce par pièce, l'autorité perd ainsi tout son attirail.

Au fur et à mesure des progrès, un immense besoin de décentralisation se manifeste dans toutes les branches de l'activité humaine ; jadis le même individu pouvait être à la fois barbier, médecin, chirurgien, alchimiste. Mais aujourd'hui que sciences, arts, industries, deviennent de plus en plus vastes et complexes, chacune de ces branches se scinde en rameaux spécialisés qui tendent à conquérir leur entière autonomie. Le barbier manie son rasoir sans s'immiscer dans l'œuvre du chirurgien, lequel, à son tour, laisse oculistes, dentistes, pédicures, manucures opérer séparément dans leur sphère.

À plus forte raison pour la grande vie d'un pays. Quel esprit prodigieux faudrait-il être pour embrasser tout à la fois les questions d'agriculture, d'hygiène, de travaux publics, de navigation, de beaux-arts ! Le législateur appelé à statuer sur toutes ces matières, ne peut le faire que d'une façon très générale, négligeant ou confondant tout. Seuls, les intéressés, groupés sous l'impulsion du besoin, en vertu de leurs aptitudes et de leurs affinités, sont à même de le faire. Il en résulte que la vie s'intensifiant, se développant, rayonnant partout, bientôt un homme sera hors d'état d'en gouverner d'autres, d'être le dirigeant d'une collectivité. L'homme primitif, descendant de l'anthropoïde, pouvait se courber sous la trique d'un pasteur, l'homme du dix-neuvième siècle, contemporain de Büchner et d'Edison, se révolte contre le joug. Et, tandis qu'une fraction de l'humanité meurt d'excès de jouissances, qu'une autre, bien plus nombreuse, hélas ! minée par l'excès de misère, semble condamnée

Charles Malato

à disparaître ou à retomber dans l'animalité, l'élite intellectuelle, travaillant pour tous, en dépit des repus et des inconscients, prépare l'avènement du bien-être et de la liberté.

La masse, trop entravée jusqu'à ce jour dans sa sujétion, soit politique, soit économique, soit les deux, pour étudier et réfléchir, est demeurée inconsciente de cette évolution qui, s'exerçant à travers les âges et sous toutes les formes, mène à la constitution d'une société sans maîtres. Comment pourrait-il entrevoir ce mouvement qui l'emporte et le fait agir, le malheureux étouffant l'été dans la chaude atmosphère des usines, glacé l'hiver dans son taudis, surmené par un travail qui épuise les muscles et atrophie le cerveau, miné dans les ressorts les plus intimes de son organisme, privé de toute possibilité de culture intellectuelle, voué par l'influence du milieu, par atavisme souvent, par besoin de s'étourdir et de surchauffer sa pauvre machine, aux distractions abrutissantes du mastroquet ? Quels efforts prodigieux ne faut-il pas aux plus persévérants, minorité d'élite, pour arriver à une perception consciente des choses, pour démêler la vérité du fatras de préjugés, de fictions et de légendes dont on a obscurci leur cerveau ! Quand à la femelle du prolétaire, machine à parturition, reléguée au dernier rang en vertu des lois et des mœurs, claquemurée la plupart du temps loin de l'air et du soleil, proie offerte à l'anémie, à la chlorose, à la phtisie, condamnée par l'infériorité du salaire à chercher un supplément de ressources dans la prostitution, comment pourrait-elle enfanter et faire croître des rejetons vigoureux, sains de corps, lucides d'esprit ? « Psitt ! monsieur ! écoutez donc !… », murmure la malheureuse, pourrie jusqu'aux os, qui s'accroche à la manche du passant attardé : à deux pas, l'homme de police veille, gardien placide de l'ordre social. « Mourir pour la patrie ! » braille entre deux hoquets le conscrit enrubanné qui ira finir la nuit au bordel : peut-être, après tout, est-il content de quitter cet enfer, l'usine, pour ce bagne, la caserne. « Je suis le fils de mes œuvres », déclare à des admirateurs, le bourgeois ventru qui s'est amassé des rentes en vendant des rondelles de drap pour des truffes et du vitriol pour du vinaigre — « Quel beau mariage ! » soupire amoureusement un noble décavé en arrêt devant une vieille demoiselle aux dents jaunes, asthmatique et millionnaire… et des espérances ! car le père va bientôt mourir. Et les échines se courbent, les cerveaux

CHAPITRE XV

se dépriment, le corps se gangrène, le sens moral s'oblitère, l'esprit meurt. Malthus devient le prophète du dieu Capital. Encore dix ans de ce beau régime, et la race étiolée, névrosée, exsangue, alcoolique, syphilitique, serait irrévocablement perdue : la terrible commotion qu'un avenir prochain réserve, pourra seule, éliminant les éléments morbides, les empêcher de tuer le corps social tout entier.

Au physique comme au moral, l'humanité marche à une transformation, une foule de nouveaux éléments entrant dans la vie courante produiront des résultats incalculables. Par exemple, il est certain que l'évolution intellectuelle qui s'est accomplie depuis deux siècles avec une rapidité foudroyante, si on la compare aux lents progrès du moyen âge, est due en grande partie à l'usage de boissons stimulantes, inconnues aux générations précédentes ; ainsi, l'influence du café sur les mœurs, au dix-huitième siècle, est indéniable. En Angleterre, la substitution d'un régime carnivore à l'ancien régime de lait et de légumes a produit une race nouvelle. Actuellement, la *pellagra,* terrible maladie de peau, est entretenue chez les paysans de la Haute-Italie par une nourriture exclusivement composée de pollenta et de châtaignes, et la pellagra, maladie physique, engendre des infirmités morales. L'universalisation du bien-être ranimera l'espèce humaine, lui donnera de nouvelles forces et de nouvelles aptitudes. Un jour viendra sans doute, où la cuisine même, devenue scientifique comme la chimie, se débarrassera de toutes ces compositions malsaines qui perturbent l'organisme, engendrent des affections chroniques, et produisent chez les classes jouisseuses ce type ventral, odieux et grotesque. Déjà la fabrication des peptones condensant sous un faible volume des matières nutritives, celle d'élixirs revivifiants, tels que la *kola,* sont un premier pas. Il est évident qu'à une modification du régime alimentaire correspondra à la longue une modification de l'appareil digestif et, par suite, de l'organisme tout entier.

Ces modifications, il est vrai, ne s'accomplissent qu'avec lenteur, mais enfin elles s'accomplissent. On a pu constater que le nombre des dents tendait à diminuer chez les races supérieures, la région frontale à se développer au détriment des maxillaires. La fusion des peuples, qui s'effectue de plus en plus en dépit du fanatisme chauvin ou religieux, mène à la constitution d'une humanité nouvelle,

Charles Malato

unifiée grâce au pouvoir niveleur de la civilisation, et, en même temps, supérieure à la nôtre, car il serait insensé de s'imaginer que le progrès qui a tiré l'homme des organismes primitifs, cessera de se manifester, alors que les facteurs de progrès, c'est-à-dire de transformation, sont incomparablement plus nombreux.

On comprend l'obstination avec laquelle les conservateurs se sont opposés au développement des théories darwiniennes : ces théories renversaient de fond en comble leurs cosmogonies religieuses : quoi ! l'homme, loin d'être un Adam déchu, primitivement créé à l'image de Dieu, serait, au contraire, le produit ultime d'une longue succession d'êtres inférieurs : il serait fils d'anthropoïde, cousin du singe, arrière-petit-fils de l'eozon, formé des mille éléments combinés dans la nature ambiante ! Puis quand, démontrée par le fait, la doctrine transformiste eût conquis droit de cité, les classes dirigeantes voulurent la faire servir à légitimer leurs privilèges : si elles étaient riches, puissantes, c'est parce qu'elles étaient les plus aptes. Vivent les forts ! meurent les faibles !

Il se trouva des savants chez lesquels l'amour de la science avait tué tout autre sentiment pour appuyer de leur autorité ces prétentions. Le prolétaire, être inférieur selon eux, devait, au nom de l'atavisme, nouvelle tache originelle, croupir dans la servitude, le bourgeois, produit d'une admirable sélection, étendre son règne sur le restant de l'humanité.

Tandis que les plus simples des révoltés, se croyant, en effet, frappés par la science, se sont contentés de la maudire ; d'autres, minorité consciente, ont riposté par cet argument :

« C'est en vertu des théories mêmes que vous vous appropriez, après les avoir combattues, que nous vous condamnons, ô maîtres du jour ! à disparaître. Non, vous n'êtes plus ce qu'étaient vos pères : les plus aptes, les plus intelligents, les plus forts. La fatalité du milieu vous a saisis ; gavés de toutes les jouissances, vous êtes devenus mous, efféminés, incapables de tout effort. Vos fils vont à Sodome et vos filles à Lesbos. Nous, au contraire, les malheureux, sans cesse aux prises avec les nécessités de la vie, nous nous sommes aguerris sous l'aiguillon du besoin, notre activité s'est développée. Ce que vous fîtes jadis aux castes qui vous écrasaient, nous allons le faire à la vôtre. Le système d'oppression et de vol que vous appelez

CHAPITRE XV

ordre social ne tient plus que par miracle : une poussée vigoureuse et tout s'effondrera. »

Et, descendant dégêné d'Étienne Marcel, monsieur Prudhomme avec son gros ventre s'aplatira bellement sous le poing nerveux de l'esclave.

Mignardes dames qui ne connaissez de la vie que le côté toilettes, nobles détraquées auxquelles il faut, comme à des hommes, des danseuses pour maîtresses et qui mêlez joyeusement la roture des écus au clinquant de votre blason, bien des larmes couleront sur vos joues poudrerizées. Voici venir la femelle du prolétaire, à qui les hivers sans feu, les nuits sans sommeil, les jours sans pain, les cris de détresse de la nichée ont mis au cœur une haine farouche. C'est la louve ! Malheur aux faibles créatures qu'elle mordra.

Traitée en bête de somme chez les peuples barbares qui ne reconnaissent que la supériorité de la force, en objet possédé dans la société romaine, la femme, même chez les peuples civilisés du dix-neuvième siècle, n'a pas cessé d'être une mineure. L'épouse doit obéissance à son mari, dit le Code. Elle n'a pas la faculté d'exercer un commerce, d'acheter, de vendre, de faire acte, en un mot, dans la vie civile, sans y être autorisée. De même que le jeune mâle n'aura pas le droit d'aimer la compagne de son choix sans le consentement paternel. Tyrannie qui fait du père de famille le bourreau légal des siens, qui infiltre les jalousies, les rancunes, les haines, mille fois plus vives entre proches qu'entre étrangers. Mais c'est surtout sur la femme que cette oppression pèse : nombre de professions lui sont encore fermées, surtout chez les méridionaux, qui ont le mieux conservé à son égard le vieil esprit de possession jalouse. Même sous les madrigaux adressés aux belles, on sent le dédain du mâle pour un être qu'il juge inférieur et dont il n'aime que le joli plumage. Pauvres petites perruches à tête vide ! L'église, le bal ou le rapiéçage des hardes, voilà, selon leurs différentes castes, la sphère d'activité dans laquelle les a enfermées la tyrannie masculine. Comment, à la longue, une telle servitude n'aurait-elle pas influé sur leur caractère, affaibli leur intellect, développé l'amour des futilités ? Or, l'action de la femme, génératrice et éducatrice, est indéniable : l'homme ne deviendra vraiment libre que s'il tend une main fraternelle à sa compagne pour l'élever à son niveau.

Charles Malato

Avant d'arriver à cette émancipation féminine, il y aura bien des faux pas. Avec l'éducation donnée à la femme, l'atavisme et la corruption ambiante, c'est fatal. Pour une à l'esprit large et ferme, que de névrosées l'on verra surgir, compromettant par leurs excentricités et leur amour immodéré de réclame la cause qu'elles prétendent servir. Les unes fondent des religions, d'autres revendiquent le suffrage universel, beaucoup moins soucieuses, au fond, d'être électrices que d'être candidates. Le suffrage universel ! amorce tendue à la crédulité populaire par les démocrates madrés de 48, cherchant à désarmer le paria en le grisant d'une souveraineté menteuse. Le suffrage universel ! mystification universelle dont tous les gouvernements ont joué ! droit accordé au contribuable de choisir son parasite, à l'esclave de nommer son maître, sanction de la servitude populaire au nom même de la souveraineté populaire. L'arrivée de législatrices au Palais-Bourbon serait le coup de grâce donné à cette institution déjà vermoulue ; intrigues de couloirs, flirtage de la droite avec la gauche, conjonction des centres, la corruption de la chair s'ajoutant à toutes les autres. Le suffrage universel s'abîmerait dans un rire d'opérette.

Comme tous les êtres maintenus dans l'infériorité, sans que cela infirme en rien leurs droits à un développement intégral, comme le sauvage, comme l'enfant, comme le peuple lui-même, la femme tend à singer son maître par ses mauvais côtés. Évidemment, elle obéit à une loi de nature qui fait, à différentes époques, passer les individus par les mêmes phases, selon leur degré de culture. L'homme achève de se détacher de la politique comme d'une science menteuse dont il a toujours été dupe, science qui a fait son temps comme la sorcellerie, et qui ne peut plus convenir à l'humanité consciente. Il cuve ses dernières griseries chauvines, se guérit de ses dernières fièvres électorales. Précisément à ce moment, arrive une brave demoiselle qui revendique pour son sexe le droit de constituer des ministères, de réviser des constitutions et d'envoyer des jeunes gens *mourir pour la patrie* au Tonkin ou ailleurs. [53]

Très heureusement, le fait brutal est là : les événements, qui s'enchaînent et réagissent les uns sur sur les autres pour déterminer un bouleversement de plus en plus nécessaire, de plus en plus inévitable, ne laisseront pas le temps de attarder aux billevesées. Le régime parlementaire est trop frappé de discrédit, les fictions actuelles trop usées pour survivre encore moyennant quelques modifications : la vraie science sociale, élaborée en commun, par les contemporains, non plus celle pédante et rabougrie de quelques pontifes, viendra déterminer les rapports naturels des hommes groupés librement pour produire, consommer et faire circuler le bien-être dans toutes les cellules du nouvel organisme.

Le prolétaire, qui a appris à vivre sans rois, sans nobles et sans prêtres, s'éloigne peu à peu des monarques de la finance, des seigneurs de l'industrie, des papes de l'État. Il commence à s'apercevoir que ces gens, quelque démocrates que soient leurs allures, sont d'une autre caste que la sienne, que loin d'être indispensables à son existence, ils ont des intérêts directement opposés aux siens, que l'intérêt du patron c'est de gagner beaucoup sur l'ouvrier, l'intérêt du marchand de vendre le plus cher possible des produits médiocres, l'intérêt du gouvernant de multiplier les sinécures pour caser les siens, l'intérêt de l'officier de pousser à la guerre pour obtenir de l'avancement, l'intérêt du juge de faire condamner beaucoup de monde pour être bien noté, l'intérêt de l'huissier de mettre sur la paille beaucoup de malheureux pour doter ses filles. Il entrevoit vaguement ce que lui crient les anarchistes : que ce bon père, l'État, n'a qu'un rôle, rôle historique, fatal, dont il ne peut s'écarter une seconde sous peine de ne plus être : celui de maintenir l'ordre social, c'est-à-dire le *statu quo,* les monopoles, les privilèges, les abus et les castes.

Qu'ils sont loin ces temps, — cependant, moins de quatre années nous en séparent, — où des bourgeois, révolutionnaires parce qu'ils n'avaient pas eu leur place au banquet, prétendaient soulever le peuple au nom de l'autonomie communale ou des souvenirs de 93 ! C'était Chauvière, l'orateur blanquiste, évoquant devant des illettrés naïfs la mémoire d'Étienne Marcel ou l'ombre de Danton. Et Vaillant, tête du parti, espérait bien qu'une insurrection des Conseils municipaux, se fédérant sous la tutelle d'un Comité de salut public, livrerait le pouvoir à lui et à ses amis.

Aujourd'hui, il a fallu en rabattre de ces visées ambitieuses : les partisans de la révolution jacobine, s'apercevant qu'ils ne pourront plus canaliser le mouvement à leur profit, s'en détachent pour se rallier petit à petit à la république bourgeoise. Ils déploient, à la vérité, une grande rouerie, se servant du mot *Commune* pour capter

Charles Malato

les suffrages tantôt des communistes, tantôt des communalistes et l'habitué des réunions publiques peut les entendre déclarer, selon les circonstances, qu'ils veulent la destruction ou la conquête du pouvoir.

Le peuple, qui n'entend rien à ces malices, se révoltera, non plus à la voix des tribuns, mais sous la pression d'un événement capital, comme la guerre, ou d'une situation intenable, comme l'arrêt complet de l'industrie. Et ce sera un débordement que rien ne pourra arrêter ; les plus violents seront eux-mêmes entraînés et roulés par le flot ; bien loin seront les députés ci-devant populaires, et les conseils municipaux ambitieux ! bien loin les libéraux, les radicaux, les réformistes, les philanthropes ! Les vieux moules sociaux seront brisés et les éléments, disséminés d'abord, s'agrégeront en combinaisons nouvelles.

Quelles seront ces combinaisons ? Est-il téméraire de conjecturer la forme que prendra la société de demain ? Évidemment, la tendance des hommes qui se révoltent contre l'ordre de choses existant n'est pas vers un retour au passé, encore moins à la barbarie préhistorique. Qui voudrait sérieusement s'isoler de l'humanité et renoncer au stock de connaissances et de bien-être accumulé par les générations successives ? C'est pour augmenter ce stock, non pour le diminuer, c'est surtout pour le rendre accessible à tous, que luttent les vrais socialistes d'aujourd'hui. Loin de se confiner dans un individualisme étroit, — individualisme au mauvais sens du mot, — ils seront portés à étendre leurs relations, à ramifier leurs groupements : libre jeu du travailleur dans la corporation, de la corporation dans la commune, rapprochement des agglomérations humaines, effacement des frontières non plus en vertu d'une phraséologie pompeuse mais par suite d'une fusion d'intérêts et de mœurs ; égalité des sexes, — non pas dans les fictions de la politique qui n'existeront plus, mais égalité morale et sociale, — absorption de la famille étroite et autoritaire d'aujourd'hui dans la grande famille humaine ; autonomie absolue de l'individu, libre association des groupements producteurs, tel est leur idéal.

Cet idéal dont la forme concrète peut s'exprimer en deux mots : *Fédération économique,* ne sera évidemment pas réalisé en un coup de baguette. En 1830 et 1848, quand le peuple s'était bien battu pendant trois jours, que le gouvernement affolé capitulait, des

CHAPITRE XV

démocrates en vue couraient s'installer à l'Hôtel de Ville et jetaient par les fenêtres des petits papiers pour signifier au peuple qu'il venait de changer de maîtres. Mais, cette fois, le peuple, affamé et rendu défiant par l'expérience, ne se contentera vraisemblablement plus de petits papiers ; les choses prendront une autre tournure. Guidée par les plus conscients, la foule fera la grosse besogne elle-même : elle ira déposséder les accapareurs, organiser la circulation du bien-être conquis, puis la production, l'échange entre villes et campagnes. Tout cela, sans compter les complications avec les puissances restées en dehors du mouvement, demandera un certain temps.

Une partie des desiderata formulés par les théoriciens modernes aura vraisemblablement sa réalisation immédiate ; l'autre, entrevue trop hâtivement ou contrariée par les événements, sera reprise en sous-œuvre dans la période d'accalmie qui suivra et, plus ou moins modifiée, deviendra le point de mire de la génération suivante.

La forme sociale, pendant et après la tourmente, ne pourra évidemment être la même partout : il faut tenir compte des différences de races, de mœurs, de génie, d'institutions, de développement industriel ou agricole qui, selon les régions, opposeront à la poussée socialiste des résistances plus ou moins considérables. Là où surabondera la production, pas ne sera besoin d'en réglementer l'usage : on prendra *au tas* non par esprit de système mais par habitude : ce sera le communisme-anarchiste. Au contraire, dans les pays moins pourvus, la répartition au *pro rata* des besoins s'imposera : ce sera le collectivisme. Le régime économique variera évidemment entre ces deux termes avec une tendance vers le communisme, parce que, en dépit de Malthus, les produits sont appelés à se multiplier plus rapidement que les consommateurs. En effet, plus l'être se perfectionne, plus sa force nerveuse augmente aux dépens de sa force génitale ; d'autre part, la science arrive à faire jaillir de partout les éléments nécessaires à l'entretien de l'espèce. Ces végétaux que l'on dédaignait fourniront leurs sucs puissants ; cette pierre devant laquelle on passait indifférent, donnera chaleur, lumière, électricité ; ces excréments, dont on empoisonne encore les rivières communiqueront aux terres épuisées une fertilité nouvelle ; ces forces naturelles, si longtemps redoutables à l'homme : le vent, le flot, le tonnerre

Charles Malato

seront maîtrisées et employées dans un but d'utilité sociale.

Un immense renouveau se prépare pour l'humanité au sortir d'une crise dont il est impossible de prédire la violence et la durée. L'Europe, l'Amérique, l'Australie même seront les grands théâtres de la lutte, mais celle-ci aura forcément ses répercussions partout. Les fortes agglomérations arabes, hindoues, indo-chinoises, après avoir reçu de leurs maîtres européens les germes d'une vie nouvelle, chercheront sans doute à profiter des événements pour s'affranchir : les masses longtemps ensommeillées se réveilleront.

Au cours de la Révolution française, on vit des familles nobles fuir comme des oiseaux apeurés et se bâtir un nid loin du vieux monde, dans les savanes américaines ou dans ces îles vertes et embaumées qui emperlent l'Océan indien. Le fait se reproduira encore : la mystérieuse Afrique est là qui entrouvre ses profondeurs. Des flots humains s'y précipiteront : aventureux, névrosés, capitalistes ruinés ne pouvant se faire à l'idée de travailler et rêvant d'exploiter les noirs après avoir exploité les blancs. Ils iront, les derniers surtout, stimulés par leur soif de gain, lutter contre l'anthropophage et le crocodile, trafiquant d'ivoire et de poudre d'or, abattant les palmiers, brûlant les cases, fauchant les populations, massacrant, massacrés : histoire fidèle de la civilisation par le meurtre, le viol et le pillage.

Au siècle prochain, les pays vierges entrevus par Stanley seront en plein bouillonnement ; des forces et des activités nouvelles s'y feront jour. Déjà, le continent noir est entamé de tous côtés : fanatiques musulmans et missionnaires chrétiens, marchands et soldats, Français, Anglais, Allemands, Espagnols, Italiens, Portugais s'efforcent de mordre au gâteau. Et le roi des Belges couve paternellement l'État indépendant du Congo qu'administrent ses officiers, qu'exploitent ses banquiers ; mais le morceau est bien gros pour un si mince convive et l'Allemagne pourrait bien mettre le holà si l'incendie socialiste ne venait brusquement, en Europe, déployer ses rouges ailes.

D'immenses chocs ethniques sont à prévoir. L'entrée dans la civilisation des cinq cents millions d'être humains qui peuplent l'Extrême-Orient est grosse de conséquences. Le monde de Boudha et de Confucius va-t-il se précipiter avec ses croyances, ses rites et

CHAPITRE XV

ses dieux sur le monde de Voltaire et de Darwin ?

« L'opposition de l'Orient et de l'Occident, dit Élisée Reclus (*Nouvelle géographie universelle,* t. VII, p. 16) n'a pas son unique raison d'être dans l'antagonisme des intérêts immédiats, elle provient aussi du contraste des idées et des mœurs », et plus loin : « Quand deux éléments se rapprochent, l'un et l'autre sont modifiés à la fois. Lorsque deux fleuves unissent leurs courants, celui qui roule de l'eau pure est sali par les boues qu'entraîne l'autre fleuve, et les deux flots mélangés coulent ensemble sans jamais recouvrer leur couleur primitive. »

Les duels de races ont toujours été impitoyables : or, déjà la lutte est nettement engagée sur le terrain économique ; non plus la lutte au canon, bien que parfois le canon gronde, lutte qui tonne et qui grise, laissant encore place aux élans chevaleresques, mais la lutte économique, rapace, sordide, la plus impitoyable de toutes, maniant l'or plus terrible que le fer, écrasant l'ennemi sous une pluie de papier. Tandis que, tout en haut, la finance chrétienne et la finance juive cherchent à s'entre-dévorer, en bas, les salariés blancs et jaunes se font concurrence pour la vie dans les manufactures d'Amérique et d'Australie. Le « Celestial » n'est pas difficile : un peu de riz pour sa nourriture, un peu de thé pour sa boisson, une pipe d'opium pour vaguer béat, une fois la tâche accomplie, dans les pays du rêve, voilà tout ce qu'il réclame. Pas de compagne à nourrir, d'enfants à redouter, ses mœurs lui permettant, en général, de se passer de femme ; une docilité à toute épreuve, une activité incessante : les capitalistes qui cherchent à produire à bon marché ne peuvent trouver meilleure machine humaine.

« Prenez garde ! disent les patrons français à leurs ouvriers lorsque ceux-ci murmurent, si vous êtes trop exigeants, nous allons appeler des Italiens ou des Allemands. » Et cette concurrence de meurt-de-faim se dénoue souvent d'une façon tragique. Que serait-ce si demain, comme ils en ont déjà fait la menace, les princes de l'industrie, maîtres absolus dans l'État, ouvraient tout large le passage au flot jaune ! Mais pour dompter les sujets rebelles, pas même besoin ne serait de recourir aux immigrants : il suffirait, et c'est ce qui se prépare, de multiplier dans l'Extrême-Orient, des fabriques inondant le monde de leurs produits vendus à bas prix. Ce qui réduirait à mortelle misère les travailleurs d'Europe et

Charles Malato

d'Amérique si ceux-ci, changeant à bref délai toutes les conditions de leur vie économique, ne mettaient la main sur les sources de richesses pour devenir leurs propres patrons et produire pour leur compte.

À ce point de vue encore, comme à tant d'autres, la révolution sociale s'impose.

Angoissés, parce qu'il nous semble que la nature, dont nous sommes partie intégrante, va s'abîmer dans la secousse terrible, nous sentons, cependant, que de la mort des choses présentes va surgir une vie nouvelle. L'analyse scientifique nous le démontre et, au fond de nous-mêmes, subsiste l'invincible intuition d'un avenir meilleur. Un double mouvement agite les sociétés : désagrégation politique, c'est-à-dire fin de l'autorité ; rapprochement social, c'est-à-dire commencement de la solidarité ; l'individu qui se soustrait progressivement à la domination de l'État, mêle de plus en plus sa vie à la vie de ses semblables. Après la famille, le clan, la tribu ou la cité, la province, la nation, puis l'horizon s'élargit toujours : aujourd'hui la race, demain l'humanité tout entière, unie parce qu'elle sera consciente et libre.

NOTES

1.   Bakounine.

2.   La science historique n'existe pas à l'heure actuelle, elle est tout à créer. Nul écrivain n'a encore su faire pour elle ce que Kepler, Copernic et Newton ont fait pour l'astronomie, Berthouet, Gay-Lussac, Laplace, Karl Marx, Darwin pour les autres sciences exactes : en dégager les lois, formuler les combinaisons et les mouvements appelés à se produire. Longtemps elle n'a été que la sèche nomenclature des rois et des batailles ; Michelet et quelques autres puissants vulgarisateurs l'ont animée d'un souffle de vie : leur plume ardente a évoqué l'esprit des peuples, tiré de la poussière les morts célèbres, fait revivre les siècles écoulés : ç'a été la phase brillante de vulgarisation tendant au naturalisme moderne. Aujourd'hui, reste à compléter l'œuvre et, par une analyse consciencieuse, à déduire avec une précision mathématique les causes des mouvements profonds qui agitent les molécules humaines.

3. καθολικος, universel.

4. On votait, non par tête d'habitant, mais par centurie. Une fois que la majorité était acquise, on cessait même de poursuivre le vote.

5. Tous nos sentiments sont empreints de cette passion propriétaire. A-t-on jamais calculé la dose d'égoïsme contenue dans cette exclamation de l'amour : Tu es à moi !

6. Sous Romulus, un mari tua impunément sa femme qui n'avait fait que goûter du vin. Une autre malheureuse fut condamnée à mourir de faim pour avoir ouvert un cellier. Tertullien dans son Apologétique, regrette « cette antique félicité du mariage fondée sur des mœurs qui en cimentaient toute l'harmonie ! » Quant aux pères qui se firent les assassins de leurs enfants, sans y être poussés comme Brutus et Manlius par des motifs graves, ils furent très nombreux.

7. Tous les historiens ont représenté les anciens Germains comme foncièrement démocratiques ; mais dès qu'ils se furent frottés aux Romains, ils prirent leurs défauts et les outrepassèrent.

8. Nom donné à l'usurier juif dans la Lithuanie.

9. Bible, livre des Juges, 19, 20, 21.

10. Vie de Jésus, chap. III.

11. Il est inutile de faire remarquer longuement combien cette idée du Messie devrait être prise dans un sens humain.

12. La plupart des peuples antiques, Grecs, Égyptiens, Chaldéens, Perses, pratiquaient les ablutions, pensant que l'eau, qui efface les taches du corps, enlève en même temps les souillures morales. Notre baptême n'est donc que la généralisation d'une coutume païenne.

13. Grand conseil ou tribunal des Juifs.

14. « Que toute personne soit soumise aux puissances supérieures ; il n'y a point de puissance qui ne vienne de Dieu et celles qui subsistent ont été établies de Dieu ». (Saint Paul, épître aux Romains, chap. XIII). Et, dans l'épître aux Éphésiens (chap. VI), l'apôtre recommande aux esclaves d'obéir avec crainte et tremblement à leurs maîtres selon la chair.

15. Nom donné à l'incendie, dans la littérature populaire. Les révoltés du moyen âge comparaient les flammes s'élevant au-dessus des castels, à un immense coq battant des ailes.

16. Auteur de l'Histoire des guerres et des antiquités judaïques et lâche panégyriste des Césars.

Charles Malato

17.   De l'Origine de la Papauté, par Ch. Paya (Paris, 1860).

18.   La loi interdisant l'industrie des bookmakers sur les champs de courses français n'était pas encore promulguée lorsqu'ont été écrites ces lignes. Du reste, cette loi, qui semble devoir être prochainement rapportée, montre l'intensité du mal ! et c'est tout : on ne décrète pas la vertu.

19.   Il y a un siècle, le cheval blanc de Lafayette avait conquis la même célébrité que, naguère, le cheval noir de Boulanger.

20.   Fred Archer, mort à Londres il y a peu d'années.

21.   Saint Jérôme constate positivement l'égalité du prêtre et de l'évêque chez les premiers chrétiens (idem est ergô presbyter qui episcopus).

22.   Les vicaires ou vice-préfets furent créés au IIIe siècle par Dioclétien.

23.   Au premier, selon l'Église ; au troisième, selon Grégoire de Tours qui paraît se rapprocher davantage de la vérité.

24.   C'était à peu près l'analogue de nos gendarmes et gardes municipaux, qui, dans toutes les répressions, se sont montrés plus féroces contre le peuple que l'armée elle-même.

25.   Il avait là quelque exagération ; vers le milieu du IIIe siècle, Rome comptait environ un quarantième de chrétiens et Carthage un dixième.

26.   Tertullien regrettait l'heureux temps où les femmes ne pouvaient porter d'autre ornement d'or que l'anneau nuptial ni goûter au vin sous peine de mort !

27.   Nom donné d'abord aux disciples de Jean le baptiseur, puis à ceux de Jésus, puis enfin aux chrétiens judaïsants.

28.   Chrétiens à tendances scientifiques (pour l'époque !), qui rejetaient absolument les livres et les rites hébraïques et qui, s'efforçant d'expliquer les plus graves problèmes, arrivèrent à se forger une religion toute allégorique, produit des rêveries platoniciennes et des fables de l'Orient.

29.   Sectateurs du christianisme primitif, repoussant la divinité de Jésus, qu'ils considéraient simplement comme un homme plus parfait que les autres.

30.   Secte propagée par l'extatique Montan, qui se prétendait

NOTES

prophète envoyé de Jésus. Elle avait des pratiques très rigoureuses, des jeûnes extraordinaires, condamnait les secondes noces. Tertullien en faisait partie.

31.   Partisans du pape Novatien (déclaré anti-pape et schématique en 251), dont la doctrine, d'une implacable austérité, ressemblait beaucoup à la précédente.

32.   29 juillet 1880 — 21 novembre 1881 ; 24 février — juin 1848 ; 4 septembre 1870 — 18 mars 1971.

33.   La liturgie romaine donne encore une autre version au sujet du baptême. Constantin, malade de la lèpre, se serait, à la suite d'une apparition miraculeuse, adressé à Sylvestre qui le guérit en le baptisant.

34.   Chrysargyre ou or lustral, impôt qui se percevait tous les cinq ans.

35.   Grande place disposée sur le modèle du Forum romain.

36.   Essais orientaux.

37.   Authentique.

38.   « Ce mouvement des classes ouvrières, a dit le cardinal Mermillod, nous apparaît comme un torrent qui descend des montagnes ; il peut tout détruire sur son passage, semer la ruine dans nos vallées mais ce doit être l'honneur de la sainte Église catholique d'aller à ces forces, de leur créer des digues, de canaliser ses flots impétueux et d'en faire au vingtième siècle un fleuve puissant et fécond »... Autrement dit faire avorter la révolution sociale.

39.   « Le temps fera distinguer ce que nous avons pensé de ce ce que nous avons dit. » (Lettre de d'Alembert à Voltaire).

40.   Privée du sucre de canne par le blocus anglais, elle perfectionna et étendit les procédés allemands pour la fabrication du sucre de betteraves.

41.   D'aucuns n'avaient-ils pas la naïveté d'adresser à Louis-Philippe des lettres le sommant de démissionner en faveur du grand chef saint-simonien !

42.   « À notre époque, déclarait le docteur Lacassagne au Congrès d'anthropologie criminelle tenu à Rome en 1885, la justice flétrit, la prison corrompt et les sociétés ont les criminels qu'elles méritent. » Quelles paroles pour un bourgeois !

43.   Dans ces établissements, les dormeurs non couchés mais assis

Charles Malato

dans une salle commune, s'appuient à une corde qu'on lâche le matin
à l'heure du lever ; tant pis pour ceux qui ont le sommeil tenace, ils se
réveillent à terre. De là le nom !

44.　　Ils furent guillotinés le 17 mars 1849.

45.　　Il y en eut vingt-mille ; les jugements en conseil de guerre
s'élevèrent à deux cent vingt-neuf, les transportations à environ trois
mille six cents.

46.　　« Dehors les barbares ! » — les barbares, c'est-à-dire les
Autrichiens.

47.　　Fête, Farine, Potence.

48.　　Parlez, Payez, Pleurez.

49.　　Qui vient de tomber récemment à Paris sous la balle de
Padlewsky.

50.　　« La véritable base d'une union féconde, disait naguère, sans
la moindre précaution oratoire, l'un des publicistes les plus autorisés
d'Outre-Manche, M. Sicard, ne saurait être ni continentale, ni même «
hémisphérique » : elle ne saurait être cherchée en dehors de la communion
de race attestée par l'identité du langage, de l'esprit littéraire, des mœurs,
des habitudes et de la religion. Il y a vraiment quelque chose de ridicule à
voir Washington faire des avances à Valparaiso et ne témoigner à l'égard
de Melbourne et de Londres qu'une dédaigneuse indifférence. N'est-ce
pas avec l'Angleterre, qui est la patrie et le berceau de tous ceux qui parlent
anglais, plutôt qu'avec la République Argentine que nos frères américains
devraient songer à acclimater l'arbitrage ?… Que les cinq minuscules
républiquettes de l'Amérique centrale se fédèrent entre elles, si cela leur
plaît, peu nous en chaut. Ce sont quantités négligeables qui ne sauraient
franchir les étroites limites de l'orbite où gravitent leurs courtes destinées.
Mais nous pleurons des larmes amères sur chaque mois qui s'écoule sans
avoir rendu plus facile et plus imminent le rapprochement fatal des deux
principales branches de la grande famille anglaise. » (Review of Reviews,
may 1890, p. 873).

Et, le 3 mai 1890, à People's Palace, lord Roseberry, devant des milliers
d'auditeurs enthousiastes, prononçait les paroles suivantes :

« Quelle énorme, débordante et irrésistible puissance pour faire le bien
sont appelés à posséder, dans les âges futurs, les peuples de langue anglaise
! Le temps approche — et nous l'appelons de tous nos vœux — où cette

NOTES

puissance de la race anglo-saxonne s'incarnera en une ligue immense, comprenant la Grande-Bretagne, l'Australie, le Canada, les États-Unis et en mesure de faire la loi au reste du monde. »

51.   « Le parti ouvrier socialiste démocrate n'a cessé d'affirmer hautement qu'il est un parti-révolutionnaire... Les clairvoyants de notre parti n'ont jamais cru à la possibilité d'une révolution pacifique » disait le Sozial demokrat (organe de Liebknecht et Bebel) dans son n° du 20 février 1881. « Nous ne sommes pas des révolutionnaires, » déclarait en mai 1890 le même Liebknecht à un journaliste français.

52.   Windthorst vient de mourir, le 14 mars 1891.

53.   La pétition suivante a été récemment adressée à l'empereur d'Autriche par des dames qui se croient sans doute très supérieures aux sauvages guerrières du Dahomey :

« À l'heure actuelle, où tout homme, jeune ou vieux, est astreint au service militaire, nous pensons que des femmes, souvent plus robustes et plus courageuses que des hommes efféminés, ne doivent pas en être exclues. Les armes en usage aujourd'hui sont bien faites et faciles à manier. Nous prions, en conséquence, Votre Majesté, de vouloir bien organiser un corps de volontaires Amazones. »

Égalité des sexes devant l'assassinat organisé, c'est ainsi que les pétitionnaires comprennent l'émancipation de la femme !

ISBN : 978-1533466273

Charles Malato